MISERANDO ATQUE ELIGENDO

LIBRERIA EDITRICE VATICANA | bayard

Herausgegeben vom
Dikasterium für die Kommunikation

Papst Franziskus

Warum habt ihr solche Angst? Habt ihr noch keinen Glauben?

»Damit du deinem Sohn und deinem Enkel erzählen kannst« (*Ex* 10,2)

Besondere Andacht in der Zeit der Pandemie

unter dem Vorsitz des Heiligen
Vaters Papst Franziskus

Vorplatz der Basilika Sankt Peter

Freitag, 27. März 2020, 18 Uhr

Am Abend dieses Tages sagte
Jesus zu seinen Jüngern:
»Wir wollen ans andere Ufer hinüberfahren.«

Sie schickten die Leute fort
und fuhren mit ihm in dem Boot, in dem er saß, weg;
und andere Boote begleiteten ihn.

Plötzlich erhob sich ein heftiger
Wirbelsturm und die Wellen schlugen in das Boot,
sodass es sich mit Wasser zu füllen begann.

Er aber lag hinten im Boot auf einem Kissen und schlief.

Sie weckten ihn und riefen:
»Meister, kümmert es dich nicht, dass wir zugrunde gehen?«

Da stand er auf, drohte dem Wind und sagte zu dem See:
»Schweig, sei still!«

Und der Wind legte sich und es trat völlige Stille ein.

Er sagte zu ihnen:
»Warum habt ihr solche Angst? Habt ihr noch keinen Glauben?«

Da ergriff sie große Furcht und sie sagten zueinander:
»Wer ist denn dieser, dass ihm sogar der
Wind und das Meer gehorchen?«

(*Mk* 4, 35-41)

»Seit Wochen scheint es, als sei es Abend geworden.
Tiefe Finsternis hat sich auf unsere Plätze, Straßen und Städte gelegt; sie hat sich unseres Lebens bemächtigt und alles mit einer ohrenbetäubenden Stille und einer trostlosen Leere erfüllt, die alles im Vorbeigehen lähmt: Es liegt in der Luft, man bemerkt es an den Gesten, die Blicke sagen es.«

Die Hände am Steuerrad der Geschichte

Vorwort

»Nichts auf der Welt ist mächtiger als ein Gerechter, der betet.Der betende Mensch hält das Steuer der Weltgeschichte in seinen Händen.« Der Mann, der dies schrieb, war der heilige Johannes Chrysostomus, Bischof und Kirchenlehrer zwischen dem vierten und fünften Jahrhundert. In jener in vielerlei Hinsicht schwierigen und leidgeprüften Zeit lehrte dieser große Hirte, dass die wahre treibende Kraft im Leben der Welt das betende Herz ist: Das Ruder der Geschichte liegt in den Händen derer, die es verstehen, ihren Blick mit tiefem Glauben und großer Demut auf den Herrn zu richten.

Welche Epoche der Weltgeschichte könnte man als einfach bezeichnen? Vielleicht keine. Und ganz gewiss nicht einfach waren die ersten Monate des Jahres 2020, als eine unvorhersehbare Pandemie fast die gesamte Menschheit heimsuchte. In diesen Tagen, genauer gesagt in den späten Nachmittagsstunden des Freitags, 27. März, wiederholte der Heilige Vater Papst Franziskus in Worten und Gesten die tiefe Überzeugung des frühkirchlichen Bischofs und Kirchenlehrers: »Der betende Mensch hält das Steuer der Weltgeschichte in seinen Händen.«

Aus diesem Grund versammelte er die Kirche – und in einem gewissem Sinne die ganze Welt – um sich und bat sie, gemeinsam den Blick zum Herrn der Zeit und der Geschichte zu erheben. Er tat dies vor allem, um – von den Höhen Seines Wortes aus – die geheimnisvollen Wege des Daseins zu betrachten und in ihnen einen verborgenen Sinn und eine verborgene Gnade zu finden. Er tat es aber auch, um in diesem Moment großer menschlicher, materieller und geistlicher Bedrängnis Hilfe und Barmherzigkeit zu erflehen. Und schließlich wollte er, beseelt von der Logik der Zivilisation der Liebe, den Weg der ganzen Menschheit segnen.

»Der betende Mensch hält das Steuer der Weltgeschichte in seinen Händen.« Wir alle haben dies von neuem wahrgenommen, als wir den Heiligen Vater die Stufen des Petersplatzes hinaufgehen sahen, durchnässt vom Regen, ein betender Mensch, der zu Gott hinaufsteigt, um vertrauensvoll vor Ihm zu stehen als Leitfigur eines großen Volkes und treuer Fürsprecher. Wir haben es auch wieder gespürt, als wir auf das Wort der Wahrheit und des Lebens des Evangeliums hörten, und durch die Stille, mit der dieses Wort Licht in unsere vielen Unklarheiten brachte. Und wir haben es erneut erfahren, als wir mit innerer Ergriffenheit das wundertätige Kruzifix aus der römischen Kirche San Marcello al Corso und die Ikone der Muttergottes *Salus Populi Romani* betrachteten:

beredtes und eindrucksvolles Bild des Heils, das uns von Dem geschenkt wird, der für uns gestorben und auferstanden ist; Bild der mütterlichen Fürsorge, die sich sanft über jeden menschlichen Schmerz beugt. Und schließlich erkannten wir es auch bei der Eucharistischen Anbetung und im großen Segen *Urbi et Orbi*, als der Erlöser der Welt die gesamte Menschheit mit einer zärtlichen Liebkosung umfing, die zu erlösen, zu trösten und Hoffnung zu schenken vermag.

Der Petersplatz war an diesem späten Nachmittag menschenleer, wie ausgestorben. Unglaublich verlassen. Und still wie nie zuvor. Und doch versammelte sich genau dort die ganze Welt, herbeigerufen von einem weiß gekleideten Mann, der noch einmal allen Menschen gegenüber mit starken und überzeugenden Worten, mit der demütigen Kraft der Bilder, betonte: »Der betende Mensch hält das Steuer der Weltgeschichte in seinen Händen.«

Und er bekräftigte dies auch noch einmal, als er den Ort dieses großen gemeinsamen Gebets verließ, schweigend und allein. Fast so, als wolle er – wie der Psalmist – zu sich selbst und zu allen sagen: »Ich erhebe meine Augen zu den Bergen: Woher kommt mir Hilfe? Meine Hilfe kommt vom Herrn, der Himmel und Erde erschaffen hat« (*Ps* 121,1).

Msgr. Guido Marini

Päpstlicher Zeremonienmeister

OST PAVLVS·V·BVRGHESIVS·ROMANVS PONT·MAX·AN·MDCXII·PON

Teil I

Die *Statio Orbis*

Einleitung

Teil I

Was ist am 27. März auf dem Petersplatz passiert? Etwas Einfaches und Großartiges hat sich dort ereignet. Ein außergewöhnlicher Moment des Gebets vereinte die Welt. Die Bilder waren kraftvoll, dramatisch. Viele staunten über das, was sie sahen. Aber das Wesentliche war für die Augen unsichtbar.

Viele suchten in der äußeren Form eine Antwort, die sie letzten Endes nicht fanden. In der Tat werden wir die Kraft dieses Moments mit den traditionellen Instrumenten der Analyse nie verstehen. Das wäre so, als wolle man ein Gedicht mit den Regeln der Metrik verstehen.

Wir leben in einer Zeit, die uns zu blenden droht. Eine Zeit der verkürzten, kurzsichtigen Blicke, denen es nicht gelingt, das Wesen der Dinge zu erkennen: das verklärte Leid der Welt, die Wiederentdeckung der eigenen Zerbrechlichkeit, die Notwendigkeit, über all dies hinaus zu blicken und sich Gott zuzuwenden.

Es gibt keine Antworten auf falsch formulierte Fragen. Daher ist es notwendig, der Frage einen anderen Akzent zu geben.

Woher kommt das innere Bedürfnis zu beten? Worin liegt das Außergewöhnliche dieses 27. März? In der Liturgie? In den Fernsehbildern? Oder in der Wahrheit, die dargestellt wurde?

Wochenlang schien es, als sei ein Abend ohne Aussicht auf ein Morgengrauen angebrochen. Wochenlang hatte die Welt nach Rom, auf den Papst geschaut, um in seinen Worten eine Antwort zu finden, die nicht nur in der Zahl der Opfer lag. Wochenlang hatte Franziskus die Türen der kleinen Kapelle von Santa Marta für die ganze Welt geöffnet, damit sie in der heiligen Messe mit ihm beten, seine Betrachtungen zu den Lesungen hören konnte. Wochenlang hatte er auch darüber nachgedacht, wie man diesen Gang durch die Wüste mit symbolischen Handlungen begleiten könnte, die ihn zu erhellen vermögen: die einsame Wallfahrt in der Via del Corso, um das wundertätige Kruzifix zu besuchen; das Gebet vor der Marienikone *Salus Popoli Romani*; das gemeinsame Vaterunser-Gebet mit allen Christen an dem Tag, an dem viele Kirchen der Verkündigung der Menschwerdung des Wortes an die Jungfrau Maria gedenken. So hat die Idee einer besonderen Andacht Gestalt angenommen.

Der erste, der öffentlich darüber sprach, war der Seelsorger des Gefängnisses *Due Palazzi* in Padua, Don Marco Pozza. Und zwar in einer von der italienischen Bischofskonferenz gestalteten Fernsehsendung auf Rai1, dem bekanntesten italienischen Fernsehsender.

Er tat dies mit folgenden Worten: »Ich bin der geringste Priester auf diesem Planeten. Ich lebe in einem Gefängnis mit Menschen, die im Leben gescheitert sind. Ich bitte Papst Franziskus, ein deutliches Zeichen zu setzen.... Eine *Statio Orbis*, die mitunter feierlich begangen wird. Ich bitte ihn, den Tag, die Stunde und die Form zu wählen. Vielleicht begibt er sich allein auf den Petersplatz oder in den Petersdom ... und spricht ein Befreiungsgebet zu Gott, feiert eine heilige Messe, irgendetwas ... Ich bitte dich, Papst Franziskus, vollbringe eine weltumspannende Geste. Bitte die Kirche, innezuhalten, bitte die ganze Welt, dir zur Seite zu stehen! ... Du hast die Macht des Wortes, du hast die Macht des Zeichens. Zeige uns, dass Christus in diesem Moment anwesend ist und uns etwas sagt. Du bist eine Brücke für uns...Lass uns nicht allein«.[1]

Am selben Tag schrieb Don Marco auf seinem Blog:

»Heute Nacht, Papst Franziskus, habe ich von dir geträumt: ich hatte dich ganz klar vor Augen. Und neben dir leuchtete das Licht Mariens. Ich sah dich mit leisen Schritten aus dem Gästehaus Santa Marta kommen. *„Ave Maria, gratia plena, Dominus tecum"*, hast du mit deinem unnachahmlichen argentinischen Akzent gesagt. Und Maria, die vor dir ging, öffnete dir die Türen: sie waren alle fest verschlossen. Ihr seid auf den Petersplatz hinausgegangen, bis unter den Obelisken, der auf mich immer wie ein nach oben gerichteter Zeigefinger wirkte. Der Platz war leer, vollkommen menschenleer, ungewöhnlich, wie im Belagerungszustand. Und dort, mitten auf dem Platz, hast du dich auf dem Boden niedergekniet, lange schweigend so verweilt, mit gefalteten Händen; mit diesem mystischen Zug, den ich immer an dir sehe, wenn du betest. Du warst da, während dir die ganze Welt – von zu Hause aus – folgte. Millionen von Fernsehkameras waren auf dein Gesicht gerichtet, das Gesicht Petri, und die Journalisten waren still, erstaunt und stumm. Als die Welt sah, dass du auf dem Platz warst, hielt sie inne, um dich zu betrachten. Und wenn ich dich sehe, sehe ich Ihn. Kniend bist du dort zur Brücke geworden: Sie nennen dich *Pontifex*, Brückenbauer, und das ist kein Zufall. Oberster Brückenbauer: also viel mehr als die Brooklyn Bridge oder die Brücke, die in Genua neu errichtet wurde. Du bist die Brücke Gottes. Und dort, während du ins Gebet versunken warst, sah ich, wie Maria ihre Hand auf deinen Kopf legte. Es ist das, was viele Großmütter in Norditalien bei ihren Enkelkindern tun, bevor sie das Haus verlassen: „Die Muttergottes halte ihre Hand über dein Haupt", sagen sie. Als wollten sie sagen: Geh und komm zurück, ich warte auf dich! Gott, dort oben, schien dir, so glaube ich, noch nie so nah gewesen zu sein. Erinnerst du dich, als du mir in einem dunklen Moment von dieser Stelle aus dem *Deuteronomium* erzählt hast, die du so sehr magst: *„Denn welche große Nation hätte Götter, die ihr so nah sind, wie der Herr, unser Gott, uns nah ist, wo immer wir ihn anrufen?"* (*Dtn* 4,7) In der ersten Lesung von heute schlug Mose auf den Felsen und Wasser sprudelte hervor, das alle Zweifel zerstreute. ... Wir sind im Krieg. Wir werden allein durch den direkten Kontakt mit Gott gerettet werden, nicht mehr durch *Streaming*. Das reicht nicht mehr: Wir brauchen Dich, mit Deiner Ausrüstung als Brückenbauer und Feuerwehrmann. ... Natürlich würde ich es mir nicht erlauben, dir vorzuschlagen, was du zu tun hast: Diese Eingebung wird dir von Gott gewährt. Ein Gott, der mehr als einmal seine

Worte der zarten Stimme der Träume anvertraut hat. ... Denen, die sagen: *„Wo ist der Papst?!"*, antwortest du mit Deiner Gegenwart: Du bist die *„Brücke"* zwischen Himmel und Erde, einer Erde, die seufzt – es ist die hochentwickelte Welt, die seufzt –, während Du, der Du aus dem Süden der Welt gekommen bist, uns zeigst, dass uns diese Prüfung ins Fleisch einprägt, wie sich der Schmerz von Völkern anfühlt, die seit Jahrhunderten leiden. Diese kranke Erde muss ihre Augen zum Himmel erheben und erkennen, dass sie Gott allein braucht, sich zu Gott bekehren muss! Eine *Statio Orbis*, Papst Franziskus, nichts weniger. Eine weltumspannende *Statio Orbis*. Du, ganz allein auf dem Petersplatz, während die ganze Welt menschenleer ist und die Menschen alle zuhause bleiben, aus Angst vor der Ansteckung; davor, selbst die Ursache der Ansteckung zu sein: Krankheitsüberträger und Opfer zugleich. Erhebe deine Stimme, dein Gebet, deine Fürbitte: flehe Gott an, uns zu Hilfe zu kommen! Die schwere Prüfung dieser Ansteckung öffnet die Herzen und den Verstand vieler auf Gott hin. Du bist der *„größte"* Mensch auf Erden: der Stellvertreter Christi. *Bringe die Welt, die ganze Kirche dazu innezuhalten, auf dass die Welt ihren Geist und ihr Herz zu Gott erhebe!* Ich bitte dich, Papst. Beeile ich! Du hast die beste Ausrüstung, um dieses Feuer zu löschen«.[2]

»Eine *Statio Orbis*« – schrieb Don Marco in der Woche darauf – »ist keine Fantasie-Theologie, geschweige denn eine exzentrische Idee von Leuten, die, um die Messlatte höher zu legen, das Undenkbare vorschlagen. ... Form ist nicht Formalität, sie ist eine Vorwegnahme des Inhalts, ein Vorspiel dessen, was verborgen ist. Sie ist die eigentliche Hülle des Mysteriums. In der Person Petri trifft der Gipfel des Wortes mit dem höchsten Grad an Gesten zusammen: Sprechen und Gesten. Wenn Petrus eine Geste tut, die gleiche Geste, die auch ich tun könnte, dann hat diese Geste einen ganz anderen Stellenwert: Die Person, die diese Geste vollbringt, verzehnfacht ihre Kraft. Dasselbe gilt für die Sprache: Das menschliche Sprechen wird im Handumdrehen (un)menschlich, wenn es von Petrus geäußert wird. Man wendet sich also nicht an Petrus mit Worten, die nicht vorher im Gebet und auf Knien durchdacht und gut abgewogen worden sind. Eine Theologie auf Knien ist die einzig mögliche Theologie. Warum also eine *Statio Orbis*, die den ganzen Erdkreis mit einbezieht? Weil inmitten einer wilden Fahrt das Bedürfnis entsteht, innezuhalten: „Warum rasen, wenn man nicht weiß, wohin die Fahrt gehen soll?", las ich auf der Mauer eines Bahnhofs. ... Eine *Statio Orbis* ist eine Haltestelle: Erinnert ihr euch an den Bahnhof der alten Eisenbahn? Stellt euch das so vor: Der Zug wird aufgefordert, einen Moment anzuhalten, am Bahnhof St. Peter anzuhalten, um sich mit Christus zu verbinden. Es ist keine Zeitverschwendung, es ist ein Innehalten: ein Innehalten in den Wechselfällen der Geschichte, „um eine Bilanz des zurückgelegten Weges zu ziehen und Kraft für die zukünftigen Ziele der Geschichte und der Zeit zu schöpfen. In diesem Innehalten ist die ganze christliche Welt symbolisch enthalten und gegenwärtig".[3] Und genauso ist es, wenn die Kirche eine *Statio Orbis* vor der Eucharistie macht: „die Welt hält inne" vor einem kleinen Stück Brot, das für die Christen Christus ist (und Christus ist Gott), denn nur in Ihm sind wir gerettet. In ähnlicher Weise stelle ich mir vor, dass ein Mann, Petrus, darum bittet, „die Welt zum Innehalten zu bewegen" vor Christus, damit die Welt glaube, dass wir nur in Gott gerettet sind. Was soll ich euch sagen? Es ist, als würde man nach der Demut fragen, die der Welt so sehr fehlt, dieses „Ich brauche Gott nicht", das sich als die moderne Form des Atheismus entpuppt.«[4]

Ich habe Don Marcos Worte vollständig zitiert, denn sie beschreiben gut die Anfänge, den Ursprung, den Geist, der die Idee beseelte, die der Papst dann aufgegriffen hat.

War dies der Prolog, so wurde der Ablauf des Gebetsmoments (festgehalten von den Kameras und Fotografen von Vatican Media) vom päpstlichen Zeremonienmeister, Msgr. Guido Marini, gestaltet. Die Fernsehregie war nüchtern, wesentlich.[5] Sechs Fernsehkameras, um die Leere des Platzes und das Gebet des Papstes in Bildern einzufangen. Seine Ankunft. Sein Gang durch den Regen. Das Kreuz, das zu weinen scheint. Die Wolken am Himmel. Die Lichtreflexe. Der Papst betet. Die Sirenen von Krankenwagen durchbrechen die Stille. Die ganze Welt schaut zu. Die unsichtbaren Kameraleute, Tontechniker und Fotografen.

Und da ist es wieder: das Thema der Unsichtbarkeit. Ich glaube, wir könnten stundenlang über die Entstehung dieser Idee, die Regie, das Licht, die Fotografie sprechen – über die Frage, warum man den Platz und nicht die Basilika gewählt hat; warum der Papst zu Fuß ging, über die Beziehung zwischen dem leeren Platz und den Hundert Millionen Menschen, die sich zum Gebet versammelten; die Stille und die Worte. Aber dabei laufen wir Gefahr, den Sinn dessen zu verlieren, was sich da wirklich ereignet hat; wir riskieren zu denken, dass für die Kirche dieselben Kommunikationsregeln gelten wie für Kino, Fernsehen, Theater und Shows. Doch so – hat uns Papst Franziskus ermahnt – „zähmen wir letztlich Christus“. So würde man nicht mehr Zeugnis für das ablegen, was auf Christus hin wirkt, sondern spräche im Namen einer bestimmten Vorstellung von Christus. Einer Vorstellung, die von denen in Besitz genommen und gezähmt wird, die Dinge organisieren und vermarkten wollen.[6]

Die Wahrheit ist, dass der 27. März ein geheimnisvoller und kraftvoller Moment des *Kairos* im Kontext eines einfachen Gebetes war.

Wie Franziskus über Petrus und die Apostel sagte: »Die Hauptperson der *Apostelgeschichte* sind nicht die Apostel. Der Hauptakteur ist der Heilige Geist. Die Apostel sind die ersten, die ihn erkennen und bezeugen. (...) Die Erfahrung der Apostel ist wie ein Paradigma, das für immer gilt. Es genügt, daran zu denken, wie die Dinge in der *Apostelgeschichte* unentgeltlich, ohne Zwang, geschehen. Es ist eine Geschichte, eine Geschichte von Menschen, in der die Jünger immer an zweiter Stelle kommen, sie kommen immer nach dem Heiligen Geist, der handelt. Er bereitet die Herzen und wirkt in ihnen. Er bringt ihre Pläne durcheinander. Er ist es, der sie begleitet, sie führt und tröstet in allen Lebenslagen, in die sie geraten. (...) Es ist sinnlos, sich zu ärgern. Wir brauchen nicht alles zu organisieren, wir brauchen nicht zu schreien. Wir brauchen keine Tricks und Kriegslist. Wir brauchen nur zu bitten, um heute die Erfahrung wiederholen zu können, die dich sagen lässt: „Wir haben uns entschieden, der Heilige Geist und wir.“ (...) Ohne den Heiligen Geist wird der Wunsch, seine Sendung zu erfüllen, zu etwas anderem. (...) Wer meint, der Hauptakteur oder “Macher” der Mission zu sein, zieht mit all seinen guten Absichten und seinen Absichtserklärungen letzten Endes niemanden an. Die Mission ist nicht (...) eine Show, die organisiert wird, um zu zählen, wie viele Leute dank unserer Werbung daran teilnehmen. Der Heilige Geist wirkt, wie er will, wann er will und wo er will«.[7]

Das Außergewöhnliche des 27. März liegt genau darin. Seine kommunikative Fähigkeit kommt aus der Wahrheit. Der Papst war allein wie ein jeder von uns. Ganz allein vor Gott. Alle vereint vor Gott. Alle zerbrechlich und in seinen Händen.

In einer seiner Predigten bei den Morgenmessen in Santa Marta hat Papst Franziskus gesagt, dass »der Herr immer aus der *Nähe* tröstet, mit *Wahrheit* und *Hoffnung*.« »In der *Nähe*, nie aus der Ferne: „Ich bin da". Dieses schöne Wort: „Ich bin da. Ich bin da, hier, bei euch." Und das oft im Verborgenen. Aber wir wissen, dass Er da ist. Er ist immer da. Diese Nähe, die der Stil Gottes ist, auch in der Menschwerdung, uns nahe zu sein. Der Herr tröstet aus der Nähe. Und Er benutzt keine leeren Worte, vielmehr zieht Er das Schweigen vor. Die Kraft der Nähe, der Gegenwart. Er spricht wenig, aber Er ist nahe«.[8]

Das Wort braucht immer Stille. Und Stille ist nur dann wirklich aussagekräftig, wenn sie das Wort widerhallen lässt. Das war am 27. März der Fall. Diese Stille, wie der Papst sagte, stellte uns gleichsam die Frage: »Warum habt ihr solche Angst? Habt ihr noch keinen Glauben?«. Dieses Schweigen war ein Appell an unseren Glauben. Ein dringender Aufruf: „Kehrt um", »kehrt um zu mir mit ganzem Herzen« (*Joël* 2,12). Dieses Schweigen rief uns auf, „diese Zeit der Prüfung als *Zeit der Entscheidung* zu nutzen". In dieser Stille hallten die Worte von Papst Franziskus wider: »Es ist nicht die Zeit deines Gerichts, sondern unseres Gerichts: die Zeit, sich zwischen dem zu entscheiden, was zählt, und dem, was vergeht; zu unterscheiden zwischen dem, was notwendig ist, und dem, was nicht notwendig ist. Es ist die Zeit, den Kurs des Lebens neu auf Dich, Herr, und auf die anderen auszurichten.«

Paolo Ruffini

Präfekt des Dikasteriums für die Kommunikation

1 Marco Pozza, *A Sua Immagine*, RaiPlay, 15. März 2020, https://www.youtube.com/watch?v=v92a4NXWYAw

2 Marco Pozza, *Papa(') Francesco, in ginocchio: "Intervieni tu, fai presto"!*, 15. März 2020, https://www.sullastradadiemmaus.it/sezioni-del-sito/ approfondimenti/3386-papa-francesco-inginocchio- intervieni -tu-fai-presto

3 Giovanni Marchesi, *Civiltà Cattolica,* 2000, q. 3607, S. 173.

4 Marco Pozza, *Il Papa annuncia la "Statio orbis" per il globo che vorrà,* 22. März 2020, https://www.sullastradadiemmaus.it/sezioni-del-sito/approfondimenti/3396-il-papa-annuncia la- statio orbis-per-il-globo-che-vorra

5 Vgl. Dario Edoardo Viganò, *Francesco: scena e drammatica dell'amore*, Settimana News 19-04-2020, http://www.settimananews.it/papa/francesco-scena-drammatica-amore/

6 Papst Franziskus, *Senza di lui non possiamo far nulla*, Libreria Editrice Vaticana, Città del Vaticano, 2019, S. 15-16.

7 Vgl. *Senza di lui non possiamo fare nulla*, SS. 21-30.

8 Papst Franziskus, Predigt in Santa Marta, 8. Mai 2020 http://www.vatican.va/content/francesco/it/cotidie/2020/documents/papa-francesco-cotidie_20200508_lavicinanzalostile-didio.html

IN HONOREM PRINCIPIS APOST PAVLVS V BVRGHESIVS ROMANVS PONT MAX AN MDCXII PONT VII

Meditation des Heiligen Vaters

Vorplatz der Basilika Sankt Peter
27. März 2020

»Am Abend dieses Tages« (*Mk* 4,35)

So beginnt das eben gehörte Evangelium.

Seit Wochen scheint es, als sei es Abend geworden.

Tiefe Finsternis hat sich auf unsere Plätze, Straßen und Städte gelegt; sie hat sich unseres Lebens bemächtigt und alles mit einer ohrenbetäubenden Stille und einer trostlosen Leere erfüllt, die alles im Vorbeigehen lähmt: Es liegt in der Luft, man bemerkt es an den Gesten, die Blicke sagen es.

Wir sind verängstigt und fühlen uns verloren.

Wie die Jünger des Evangeliums wurden wir von einem unerwarteten heftigen Sturm überrascht.

Uns wurde klar, dass wir alle im selben Boot sitzen, alle schwach und orientierungslos sind, aber zugleich wichtig und notwendig, denn alle sind wir dazu aufgerufen, gemeinsam zu rudern, alle müssen wir uns gegenseitig beistehen.

Auf diesem Boot ... befinden wir uns alle.

Wie die Jünger, die wie aus einem Munde angsterfüllt rufen: »Wir gehen zugrunde« (vgl. V. 38), so haben auch wir erkannt, dass wir nicht jeder für sich, sondern nur gemeinsam vorankommen.

Leicht finden wir uns selbst in dieser Geschichte wieder.

I·N·R·I

Schwieriger ist es da schon, das Verhalten Jesu zu verstehen.

Während die Jünger natürlich alarmiert und verzweifelt sind, befindet er sich am Heck, in dem Teil des Bootes, der zuerst untergeht.

Und was macht er?

Trotz aller Aufregung schläft er friedlich, ganz im Vertrauen auf den Vater – es ist das einzige Mal im Evangelium, dass wir Jesus schlafen sehen.

Als er dann aufgeweckt wird und Wind und Wasser beruhigt hat, wendet er sich vorwurfsvoll an die Jünger: »Warum habt ihr solche Angst? Habt ihr noch keinen Glauben?« (V. 40).

Versuchen wir zu verstehen.

Worin besteht der Glaubensmangel der Jünger, der im Kontrast steht zum Vertrauen Jesu?

Sie hatten nicht aufgehört, an ihn zu glauben, sie flehen ihn ja an.

Aber schauen wir, wie sie ihn anrufen: »Meister, kümmert es dich nicht, dass wir zugrunde gehen?« (V. 38).

Kümmert es dich nicht: Sie denken, dass Jesus sich nicht für sie interessiert, dass er sich nicht um sie kümmert.

Im zwischenmenschlichen Bereich, in unseren Familien, ist es eine der Erfahrungen, die am meisten weh tun, wenn einer zum anderen sagt: „Bin ich dir egal?"

Das ist ein Satz, der schmerzt und unser Herz in Wallung bringt. Das wird auch Jesus erschüttert haben.

Denn niemand sorgt sich mehr um uns als er. In der Tat, als sie ihn rufen, rettet er seine mutlosen Jünger.

Der Sturm legt unsere Verwundbarkeit bloß und deckt jene falschen und unnötigen Gewissheiten auf, auf die wir bei unseren Plänen, Projekten, Gewohnheiten und Prioritäten gebaut haben.

Er macht sichtbar, wie wir die Dinge vernachlässigt und aufgegeben haben, die unser Leben und unsere Gemeinschaft nähren, erhalten und stark machen.

Der Sturm entlarvt all unsere Vorhaben, was die Seele unserer Völker ernährt hat, "wegzupacken" und zu vergessen; all die Betäubungsversuche mit scheinbar "heilbringenden" Angewohnheiten, die jedoch nicht in der Lage sind, sich auf unsere Wurzeln zu berufen und die Erinnerung unserer älteren Generation wachzurufen, und uns so der Immunität berauben, die notwendig ist, um den Schwierigkeiten zu trotzen.

Mit dem Sturm sind auch die stereotypen Masken gefallen, mit denen wir unser "Ego" in ständiger Sorge um unser eigenes Image verkleidet haben; und es wurde wieder einmal jene (gesegnete) gemeinsame Zugehörigkeit offenbar, der wir uns nicht entziehen können, dass wir nämlich alle Brüder und Schwestern sind.

»Warum habt ihr solche Angst?
Habt ihr noch keinen Glauben?«

Herr, dein Wort heute Abend trifft und betrifft uns alle.

In unserer Welt, die du noch mehr liebst als wir, sind wir mit voller Geschwindigkeit weitergerast und hatten dabei das Gefühl, stark zu sein und alles zu vermögen.

In unserer Gewinnsucht haben wir uns ganz von den materiellen Dingen in Anspruch nehmen und von der Eile betäuben lassen.

Wir haben vor deinen Mahnrufen nicht angehalten, wir haben uns von Kriegen und weltweiter Ungerechtigkeit nicht aufrütteln lassen, wir haben nicht auf den Schrei der Armen und unseres schwer kranken Planeten gehört.

Wir haben unerschrocken weitergemacht in der Meinung, dass wir in einer kranken Welt immer gesund bleiben würden.

»Warum habt ihr solche Angst?
Habt ihr noch keinen Glauben?«

Jetzt, auf dem stürmischen Meer, bitten wir dich:
„Wach auf, Herr!“

Herr, du appellierst an uns, du appellierst an den Glauben. Nicht nur an den Glauben, dass es dich gibt, sondern an den Glauben, der uns vertrauensvoll zu dir kommen lässt.

In dieser Fastenzeit erklingt dein eindringlicher Aufruf: »Kehrt um« (*Mk* 1,15); »kehrt um zu mir von ganzem Herzen mit Fasten, Weinen und Klagen« (*Joël* 2,12).

Du rufst uns auf, diese *Zeit der Prüfung* als eine Zeit der Entscheidung zu nutzen.

Es ist nicht die Zeit deines Urteils, sondern unseres Urteils: die Zeit zu entscheiden, was wirklich zählt und was vergänglich ist, die Zeit, das Notwendige von dem zu unterscheiden, was nicht notwendig ist.

Es ist die Zeit, den Kurs des Lebens wieder neu auf dich, Herr, und auf die Mitmenschen auszurichten.

Und dabei können wir auf das Beispiel so vieler Weggefährten schauen, die in Situationen der Angst mit der Hingabe ihres Lebens reagiert haben.

Es ist das Wirken des Heiligen Geistes, das in mutige und großzügige Hingabe gegossen und geformt wird.
Es ist das Leben aus dem Heiligen Geist, das in der Lage ist, zu befreien, wertzuschätzen und zu zeigen, wie unser Leben von gewöhnlichen Menschen – die gewöhnlich vergessen werden – gestaltet und erhalten wird, die weder in den Schlagzeilen der Zeitungen und Zeitschriften noch sonst im Rampenlicht der neuesten Show stehen, die aber heute zweifellos eine bedeutende Seite unserer Geschichte schreiben: Ärzte, Krankenschwestern und Pfleger, Supermarktangestellte, Reinigungspersonal, Betreuungskräfte, Transporteure, Ordnungskräfte, ehrenamtliche Helfer, Priester, Ordensleute und viele, ja viele andere, die verstanden haben, dass niemand sich allein rettet.

Angesichts des Leidens, an dem die wahre Entwicklung unserer Völker gemessen wird, entdecken und erleben wir das Hohepriesterliche Gebet Jesu: »Alle sollen eins sein« (*Joh* 17,21).

Wie viele Menschen üben sich jeden Tag in Geduld und flößen Hoffnung ein und sind darauf bedacht, keine Panik zu verbreiten, sondern Mitverantwortung zu fördern.
Wie viele Väter, Mütter, Großväter und Großmütter, Lehrerinnen und Lehrer zeigen unseren Kindern mit kleinen und alltäglichen Gesten, wie sie einer Krise begegnen und sie durchstehen können, indem sie ihre Gewohnheiten anpassen, den Blick aufrichten und zum Gebet anregen. Wie viele Menschen beten für das Wohl aller, spenden und setzen sich dafür ein. Gebet und stiller Dienst – das sind unsere siegreichen Waffen.

»Warum habt ihr solche Angst?
Habt ihr noch keinen Glauben?«

Der Anfang des Glaubens ist das Wissen, dass wir erlösungsbedürftig sind.

Wir sind nicht unabhängig, allein gehen wir unter. Wir brauchen den Herrn so wie die alten Seefahrer die Sterne. Laden wir Jesus in die Boote unseres Lebens ein.

Übergeben wir ihm unsere Ängste, damit er sie überwinde.

Wie die Jünger werden wir erleben, dass wir mit ihm an Bord keinen Schiffbruch erleiden.

Denn das ist Gottes Stärke: alles, was uns widerfährt, zum Guten zu wenden, auch die schlechten Dinge. Er bringt Ruhe in unsere Stürme, denn mit Gott geht das Leben nie zugrunde.

Der Herr fordert uns heraus, und inmitten des Sturms lädt er uns ein, Solidarität und Hoffnung zu wecken und zu aktivieren, die diesen Stunden, in denen alles unterzugehen scheint, Festigkeit, Halt und Sinn geben.

Der Herr erwacht, um unseren Osterglauben zu wecken und wiederzubeleben.

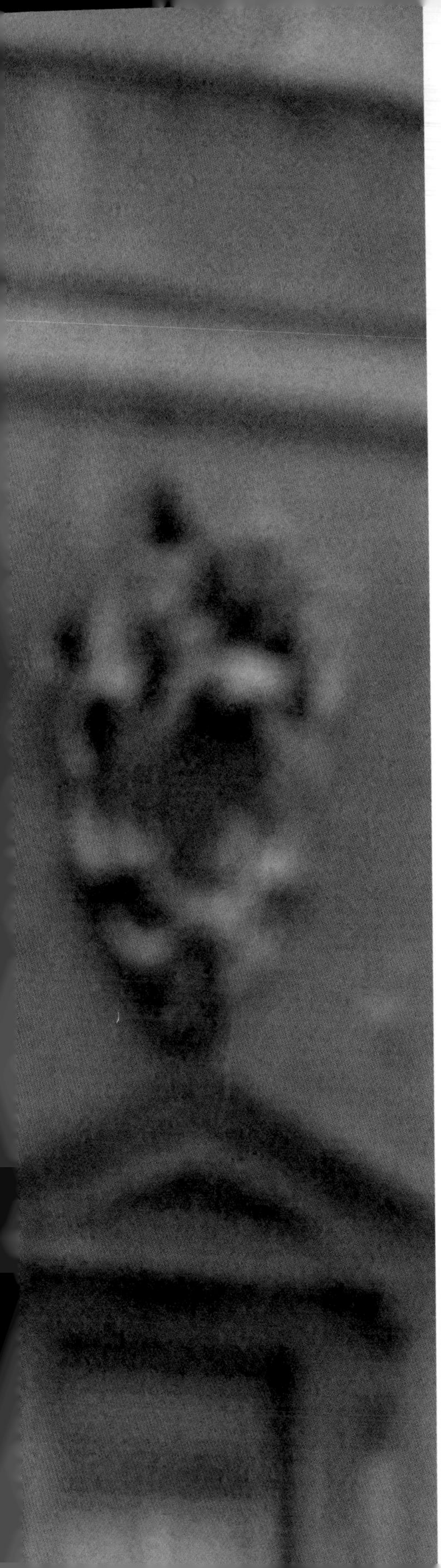

Wir haben einen Anker: durch sein Kreuz sind wir gerettet.

Wir haben ein Ruder: durch sein Kreuz wurden wir freigekauft.

Wir haben Hoffnung: durch sein Kreuz sind wir geheilt und umarmt worden, damit nichts und niemand uns von seiner erlösenden Liebe trennen kann.

Inmitten der Isolation, in der wir unter einem Mangel an Zuneigung und Begegnungen leiden und den Mangel an vielen Dingen erleben, lasst uns erneut die Botschaft hören, die uns rettet: Er ist auferstanden und lebt unter uns.

Der Herr ruft uns von seinem Kreuz aus auf, das Leben, das uns erwartet, wieder zu entdecken, auf die zu schauen, die uns brauchen, und die Gnade, die in uns wohnt, zu stärken, zu erkennen und zu ermutigen. Löschen wir die kleine Flamme nicht aus (vgl. *Jes* 42,3), die niemals erlischt, und tun wir alles, dass sie die Hoffnung wieder entfacht.

Das eigene Kreuz anzunehmen bedeutet, den Mut zu finden, alle Widrigkeiten der Gegenwart anzunehmen und für einen Augenblick unser Lechzen nach Allmacht und Besitz aufzugeben, um der Kreativität Raum zu geben, die nur der Heilige Geist zu wecken vermag.

Es bedeutet, den Mut zu finden, Räume zu öffnen, in denen sich alle berufen fühlen, und neue Formen der Gastfreundschaft, Brüderlichkeit und Solidarität zuzulassen.

Durch sein Kreuz sind wir gerettet, damit wir die Hoffnung annehmen und zulassen, dass sie alle möglichen Maßnahmen und Wege stärkt und unterstützt, die uns helfen können, uns selbst und andere zu beschützen. Den Herrn umarmen, um die Hoffnung zu umarmen – das ist die Stärke des Glaubens, der uns von der Angst befreit und uns Hoffnung gibt.

»Warum habt ihr solche Angst?
Habt ihr noch keinen Glauben?«

IVS ROMANVS PONT MAX AN MD XII PONT VII

Liebe Brüder und Schwestern, von diesem Ort aus, der vom felsenfesten Glauben Petri erzählt, möchte ich heute Abend euch alle dem Herrn anvertrauen und die Muttergottes um ihre Fürsprache bitten, die das Heil des Volkes Gottes und der Meerstern auf stürmischer See ist.

Von diesen Kolonnaden aus, die Rom und die Welt umarmen, komme der Segen Gottes wie eine tröstende Umarmung auf euch herab.

Herr, segne die Welt, schenke Gesundheit den Körpern und den Herzen Trost. Du möchtest, dass wir keine Angst haben; doch unser Glaube ist schwach und wir fürchten uns. Du aber, Herr, überlass uns nicht den Stürmen. Sag zu uns noch einmal: »Fürchtet euch nicht« (*Mt* 28,5). Und wir werfen zusammen mit Petrus „alle unsere Sorge auf dich, denn du kümmerst dich um uns“ (vgl. *1Petr* 5,7).

Erinnerungen an ein Gebet, das die Welt vereint hat

Der Papst hat soeben eine seiner Mittwochsaudienzen beendet.

Er hält einen Moment inne und betrachtet die Bilder vom 27. März, lässt das wieder aufleben, was an jenem Freitag in der Fastenzeit geschehen ist. Vor seinem geistigen Auge die Etappen der *Statio Orbis* Revue passieren zu lassen, die auf dem menschenleeren Petersplatz stattfand, unter prasselndem Regen, mit Gebeten, die vom Sirenengeheul der Krankenwagen unterbrochen wurden, ist für ihn eine Erfahrung, die über das bloße Erinnern hinausgeht. In seinen Gesichtszügen zeigt sich wieder jene innere Haltung des Gebets.

Wir fragen ihn, was er empfunden hat, als er schweigend den Vorplatz der Basilika hinaufging:

»Ich ging – völlig allein – und dachte an die Einsamkeit so vieler Menschen... ein umfassender Gedanke, ein Gedanke mit dem Kopf und mit dem Herzen, beide zusammen... Ich habe all das gespürt und bin weitergegangen...«

I·N·R·I

Die Welt schaute auf den Bischof von Rom und betete mit ihm, in Stille. Sie schaute auf den Papst als Fürsprecher zwischen Gott und uns, seinem Volk. Wir fragen Franziskus, was er in diesem Augenblick zu Gott gesagt hat:

»Du kennst das, schon im Jahr 1500 hast du eine solche schlimme Situation gelöst, "meté mano".[1] Diese Redewendung "leg Hand an" gefällt mir gut. Oft sage ich im Gebet: "Bitte leg dort Hand an!«

[1] "Meté mano", ein umgangssprachlicher spanischer Ausdruck, kolloquial, informell und familiär, wird häufig verwendet in Argentinien, vor allem in Buenos Aires.

Die Augen des Papstes sind auf den leeren Petersplatz gerichtet. Wir fragen ihn, was er in diesem Moment gedacht hat, welche Gedanken über die Menschen, das Leid so vieler Menschen, ihm durch den Kopf gegangen sind.

»Zwei Dinge kamen mir in den Sinn: der leere Platz und die trotz der Entfernung vereinten Menschen ... und auf dieser Seite das Boot mit den Migranten, das Denkmal... Wir sind alle im selben Boot, und wir wissen nicht, wie viele von uns von Bord gehen werden... Ein einziges Drama spielt sich vor dem Boot ab, die Seuche, die Einsamkeit... in der Stille...«

Das Boot wird im Markusevangelium erwähnt, das an jenem Abend gelesen wurde. Und es ist auch auf dem Platz präsent, durch das Denkmal, das an die Migranten erinnert. Daher sah man den Blick des Bischofs von Rom ab und zu zu den rechten Kolonnaden schweifen: zu dem Denkmal, das in der Dunkelheit kaum zu erkennen war.

»Das Boot!...«, wiederholt der Papst mit leiser Stimme.

Fragen wir ihn also, an wen er in diesen Momenten besonders dachte, wen er für besonders bedürftig hielt, wen er dem Herrn im Gebet anvertraut hat. Er antwortet, wieder mit leiser Stimme:

»Alles war vereint: das Volk, das Boot und das Leid aller...«

Was hat dem Papst inneren Halt gegeben?
Woraus hat er in diesem so intensiven, dramatischen Moment Kraft und Hoffnung geschöpft?
Franziskus schweigt einen kurzen Augenblick und betrachtet das Foto:

»Die Füße des Gekreuzigten zu küssen gibt immer Hoffnung. Er weiß, was es heißt, voranzugehen, und er kennt die Quarantäne, weil sie Ihm zwei Nägel ins Fleisch schlugen, um ihn festzuhalten. Die Füße Jesu sind ein Kompass im Leben der Menschen, wenn sie gehen und wenn sie stehen bleiben.
Die Füße des Herrn rühren mich sehr...«

MAXIMUS
DIE XI OCTOBRIS ANNO MO

Er lässt die Bilder langsam an sich vorüberziehen.
Da ist jenes, das ihn in liturgischen Gewändern im Atrium der Basilika zeigt. Auf dem Boden befindet sich eine große Inschrift, 11. Oktober 1962. Wir weisen ihn darauf hin. Er ruft aus:

»Das war der Beginn des Konzils!«

Wir fügen der Erinnerung auch die Worte aus der berühmten "Mondschein-Predigt" von Johannes XXIII. hinzu, der unerwartet am Fenster seines Arbeitszimmers erschien, um eine große Schar von Gläubigen mit Fackeln in den Händen zu segnen, und dabei sagte: »Bringt euren Kindern eine Liebkosung vom Papst.«[2]
Franziskus hört schweigend zu...

»In dem Moment habe ich da gar nicht dran gedacht...«

Es ist eine glückliche Fügung ... fast so, als ob es ein Zeichen dafür war, dass eine neue Liebkosung des Papstes nach Hause gebracht werden sollte, in jedes Haus, in das Leid und in die Einsamkeit isolierter Familien, auf die Krankenstationen, wo die Kranken ihren Kalvarienberg ohne die Nähe und den Trost ihrer Angehörigen beschreiten müssen.

Er nickt. **»Ja, wirklich...«**

[2] *»Wenn ihr nach Hause zurückkehrt, dann werdet ihr dort eure Kinder vorfinden: Liebkost sie und sagt ihnen: 'Das ist die Liebkosung des Papstes' Ihr werdet vielleicht auch Tränen zu trocknen haben, habt dann ein Wort des Trostes für die Betrübten und Niedergeschlagenen. Sie sollen wissen, dass der Papst besonders in traurigen und bitteren Stunden bei seinen Kindern ist«* (hl. Johannes XXIII).

http://www.vatican.va/content/john-xxiii/it/speeches/1962/documents/hf_j-xxiii_spe_19621011_luna.html

Wir bitten ihn, die mit den Fotos verbundenen Erinnerungen wieder aufleben zu lassen.

»Das dort… das war im Gebet vor dem Herrn…

Ein Fürbittgebet vor Gott…«

Was beeindruckt, ist die Abwesenheit von Menschen auf dem trostlos leeren Platz. So anders als die anderen Male, bei anderen Gottesdiensten und Zeremonien. Aber hat der Papst die *Anwesenheit* der Gläubigen, der Glaubenden und Nichtglaubenden gespürt? Hat er gespürt, dass in diesem Moment so viele Menschen über die *Medien* mit dem Nachfolger Petri und miteinander verbunden waren?

»Ich stand in Kontakt zu den Menschen. Ich war in keinem Augenblick allein...«

Und zu dem leeren Platz sagt er:

»...das war beeindruckend«

Die *Statio Orbis* war nüchtern, ohne alles.
Ohne die Beteiligung des Volkes Gottes. Und doch war einiges bedeutungsvoll gegenwärtig. Wir fragen ihn, wie er das erlebt hat:

»Nun. Da war die Jungfrau Maria...
Ich habe darum gebeten, dass die selige Jungfrau dort sein soll, die Salus Populi Romani, ich wollte, dass sie dort ist...
Und Christus... der wundertätige Christus...«

Es wurde gesagt und geschrieben, dass die Ereignisse vom 27. März in die Geschichte eingehen, im Gedächtnis aller lebendig bleiben werden.
Der Papst schließt das Buch der Erinnerungen und sagt:

»Ich weiß es nicht...
Es war etwas Einzigartiges...
Und ausgegangen war es von einem einfachen Gefängnisseelsorger...«

Zusammengestellt von **Lucio Adrián Ruiz**

Der Ritus

1. Hören des Wortes Gottes

Der Heilige Vater:

Im Namen des Vaters und des Sohnes und des Heiligen Geistes.
R/. Amen.

Lasset uns beten.
Allmächtiger und barmherziger Gott,
sieh auf unser leiderfülltes Dasein:
tröste deine Kinder und öffne unsere Herzen für die Hoffnung,
damit wir deine väterliche Gegenwart
mitten unter uns spüren können.
Durch Christus, unseren Herrn.
R/. Amen.

Evangelium

Wir hören das Wort des Herrn gemäß dem Markusevangelium (4, 35-41):

Am Abend dieses Tages sagte er zu ihnen: »Wir wollen ans andere Ufer hinüberfahren.« Sie schickten die Leute fort und fuhren mit ihm in dem Boot, in dem er saß, weg; und andere Boote begleiteten ihn.

Plötzlich erhob sich ein heftiger Wirbelsturm und die Wellen schlugen in das Boot, sodass es sich mit Wasser zu füllen begann. Er aber lag hinten im Boot auf einem Kissen und schlief. Sie weckten ihn und riefen: »Meister, kümmert es dich nicht, dass wir zugrunde gehen?«

Da stand er auf, drohte dem Wind und sagte zu dem See: »Schweig, sei still!« Und der Wind legte sich und es trat völlige Stille ein. Er sagte zu ihnen: »Warum habt ihr solche Angst? Habt ihr noch keinen Glauben?« Da ergriff sie große Furcht und sie sagten zueinander: »Wer ist denn dieser, dass ihm sogar der Wind und das Meer gehorchen?«

Ansprache des Heiligen Vaters

2. Aussetzung und Anbetung des Allerheiligsten Altarsakraments und Eucharistischer Segen

Bittlitanei

Wir beten dich an, Herr

Wahrer Gott und wahrer Mensch, wahrhaft gegenwärtig in diesem Heiligsten Sakrament
R/. Wir beten dich an, Herr
Unser Erlöser, Gott-mit-uns, treu und reich an Barmherzigkeit
R/. Wir beten dich an, Herr
König und Herr der Schöpfung und der Geschichte
R/. Wir beten dich an, Herr
Sieger über Sünde und Tod
R/. Wir beten dich an, Herr
Freund der Menschen, auferstanden und lebendig zur Rechten des Vaters
R/. Wir beten dich an, Herr

Wir glauben an dich, o Herr

Eingeborener Sohn des Vaters, vom Himmel hinabgestiegen zu unserem Heil
R/. Wir glauben an dich, o Herr
Himmlischer Arzt, der du dich über unser Elend beugst
R/. Wir glauben an dich, o Herr
Opferlamm, das du dich darbringst, um uns vom Bösen loszukaufen
R/. Wir glauben an dich, o Herr
Guter Hirt, der du dein Leben für die Herde hingibst, die du liebst
R/. Wir glauben an dich, o Herr
Lebendiges Brot und Medizin der Unsterblichkeit, der du uns das ewige Leben schenkst
R/. Wir glauben an dich, o Herr

Befreie uns, o Herr

Von der Macht des Satans und den Verführungen der Welt
R/. Befreie uns, o Herr
Vom Stolz und der Anmaßung, dass wir ohne dich leben können
R/. Befreie uns, o Herr
Von den Täuschungen der Furcht und Todesangst
R/. Befreie uns, o Herr
Von Unglauben und Verzweiflung
R/. Befreie uns, o Herr
Von Herzenshärte und der Unfähigkeit zu lieben
R/. Befreie uns, o Herr

Erlöse uns, o Herr

Von allen Übeln, die die Menschheit heimsuchen
R/. Erlöse uns, o Herr
Von Hunger, Hungersnot und Egoismus
R/. Erlöse uns, o Herr
Von Krankheiten, Seuchen und der Angst vor unseren Brüdern und Schwestern
R/. Erlöse uns, o Herr
Von zerstörerischem Wahn, rücksichtslosen Interessen und Gewalt
R/. Erlöse uns, o Herr
Von Täuschung, falschen Informationen und der Manipulation des Gewissens
R/. Erlöse uns, o Herr

Tröste uns, o Herr

Schau auf deine Kirche auf ihrem Gang durch die Wüste
R/. Tröste uns, o Herr
Blicke auf die Menschheit nieder, gefangen von Angst und Schrecken
R/. Tröste uns, o Herr
Schaue auf die Kranken und Sterbenden, die von Einsamkeit bedrängt werden
R/. Tröste uns, o Herr
Schaue auf die Ärzte und das Gesundheitspersonal, erschöpft von Müdigkeit
R/. Tröste uns, o Herr
Schaue auf die Politiker und Führungspersönlichkeiten, die die Last der Entscheidungen tragen
R/. Tröste uns, o Herr

Gib uns deinen Geist, Herr

In der Stunde der Prüfung und Verwirrung
R/. Gib uns deinen Geist, Herr
In Versuchung und Schwäche
R/. Gib uns deinen Geist, Herr
Im Kampf gegen das Böse und die Sünde
R/. Gib uns deinen Geist, Herr
Bei der Suche nach dem wahren Guten und der wahren Freude
R/. Gib uns deinen Geist, Herr
In der Entscheidung, in dir und in deiner Freundschaft zu bleiben
R/. Gib uns deinen Geist, Herr

Öffne uns auf die Hoffnung hin, Herr

Wenn die Sünde uns bedrängt
R/. Öffne uns auf die Hoffnung hin, Herr
Wenn der Hass unsere Herzen verschließt
R/. Öffne uns auf die Hoffnung hin, Herr
Wenn das Leid uns heimsucht
R/. Öffne uns auf die Hoffnung hin, Herr
Wenn Gleichgültigkeit uns bedrückt
R/. Öffne uns auf die Hoffnung hin, Herr
Wenn der Tod uns niederdrückt
R/. Öffne uns auf die Hoffnung hin, Herr

Eucharistischer Segen

Heiliger Vater:

Lasset uns beten:
Herr Jesus Christus,
im wunderbaren Sakrament des Altares
hast du uns das Gedächtnis deines Leidens und deiner Auferstehung hinterlassen.
Gib uns die Gnade, die heiligen Geheimnisse deines Leibes und Blutes so zu verehren,

dass uns die Frucht der Erlösung zuteil wird.
Der du lebst und herrschest in alle Ewigkeit.
R/. Amen.

Ankündigung des vollkommenen Ablasses

Kardinal:

Der Heilige Vater Papst Franziskus gewährt gemäß den von der Kirche vorgeschriebenen Regeln all jenen den vollkommenen Ablass, die den Eucharistischen Segen empfangen, indem sie sich über die verschiedenen Kommunikationsmittel oder auch nur in geistiger Weise und mit aufrichtigem Verlangen mit diesem Ritus verbinden.

Der Heilige Vater erteilt den Segen mit dem Allerheiligsten Altarsakrament.

Anrufungen nach dem Segen

- Gott sei gepriesen.
- Gepriesen sei sein heiliger Name.
- Gepriesen sei Jesus Christus, wahrer Gott und wahrer Mensch.
- Gepriesen sei der Name Jesu.
- Gepriesen sei sein heiligstes Herz.
- Gepriesen sei sein kostbares Blut.
- Gepriesen sei Jesus im Allerheiligsten Sakrament des Altares.
- Gepriesen sei der Heilige Geist, Beistand und Tröster.
- Gepriesen sei die erhabene Mutter Gottes, die allerseligste Jungfrau Maria.
- Gepriesen sei ihre heilige und unbefleckte Empfängnis.
- Gepriesen sei ihre glorreiche Aufnahme in den Himmel.
- Gepriesen sei der Name Mariens, Jungfrau und Mutter.
- Gepriesen sei der heilige Josef, ihr keuscher Bräutigam.
- Gepriesen sei Gott in seinen Engeln und in seinen Heiligen.

Schluss

Teil I

»Damit du deinem Sohn und deinem Enkel erzählen kannst« (*Ex* 10,2)

Die Gebetsandacht vom 27. März wird in der Erinnerung aller Männer und Frauen bleiben, die, eingesperrt, verängstigt und verloren im unerwarteten Sturm der Corona-Pandemie, von ihren Bildschirmen aus zusahen, wie Papst Franziskus in der Herzmitte der Kirche stand. Schwer atmend ging er zum Gotteshaus hinauf und mahnte uns, aufzuwachen. Und dabei ließ er die Worte Jesu in fast jedem Winkel des Universums widerhallen: *„Warum habt ihr solche Angst? Habt ihr noch keinen Glauben?"* Er erinnerte uns daran, dass wir getrennt voneinander untergehen, und lud uns ein, unsere Ängste Jesus anheimzustellen, um inmitten des Sturms in Ihm Gelassenheit zu finden. Daraufhin hat er uns alle dem Herrn anvertraut, auf die Fürsprache Mariens, Heil Seines Volkes. Er hat Gott in der Stille, zu Füßen des Kreuzes Christi, angefleht und uns mit dem Allerheiligsten Sakrament gesegnet...

Diese Geschichte, die wir erzählen*, damit wir sie unserem Sohn und unserem Enkel erzählen können,* spielte sich inmitten der Corona-Tragödie ab, die die ganze Menschheit überrollt, Einsamkeit, Angst, Krankheit und Tod gebracht hat. Es ist die Geschichte eines außergewöhnlichen Ereignisses, das die ganze Menschheit erreicht und umarmt hat.

Und es ist ein liturgischer Akt von großer Ursprünglichkeit, weil es eine Zelebration ist, die *eine Geschichte widerspiegelt* und *zur Geschichte wird*:

- *Sie spiegelt eine Geschichte wider*: denn sie stellt dem Gott der Barmherzigkeit das menschliche Drama vor Augen.

- Sie *wird Geschichte*: denn Gottes Antwort ist *Seine Gegenwart*, eine Gegenwart inmitten Seines Volkes, eine Gegenwart, die segnet und begleitet.

Diese zweifache Bewegung spiegelt sich, übersetzt in die liturgische Sprache, in einem Geflecht von Zeichen, Worten und Ereignissen wider, die einerseits das Leid der Menschheit zum Ausdruck bringen, die wartet, aber zum Glauben und Vertrauen aufgerufen und ermahnt werden muss; andererseits die unerschütterliche Treue Gottes zeigt, der mitten unter den Menschen ist, sie segnet, um sie zu stärken, und sie begleitet, um sie auf dem Weg der Geschichte zu führen.

Die Liturgie, die in einem vorbereiteten, nüchternen, wesentlichen Kontext vollzogen wird, der den Rahmen der Feier bildet, wird jedoch von einem unvorbereiteten Kontext begleitet, von Elementen, die dazu beitragen, eine reiche und tiefgründige Erzählung zu schaffen, die Erinnerungen weckt, auf andere Ereignisse verweist, Gefühle hervorruft und das Wesentliche unterstreicht.

Dieser historische Moment zeichnet sich dadurch aus, dass die Quarantäne die Teilnahme der Pilger verhindert hat und so zum ersten Mal in der Geschichte ein Papst einen Segen *Urbi et Orbi* auf dem menschenleeren Platz erteilt, ohne dass das Volk Gottes anwesend ist. Wenn wir aber den Glauben, das Leben und die Kultur, in der wir leben, miteinander verbinden und durch die *Digitalität* der Beziehungen und Aktivitäten verwandeln lassen, die wir so oft nur schwer mit der Spiritualität in Einklang bringen konnten, entdecken wir heute paradoxerweise, dass es genau diese *Digitalität* ist, die den Petersplatz wie zu keiner anderen Zeit mit Pilgern, „digitalen Teilnehmern" aus aller Welt „füllt".

Und so wird diese liturgische Feier zu einem Ereignis, das den Weg des Glaubens und der Hoffnung in der Welt markiert. Einem Ereignis, das sich in die Köpfe und Herzen nicht nur der Gläubigen eingeprägt hat, sondern all derer, die – auf der Suche nach einer Erklärung für ein Phänomen, das für die heutige Welt ziemlich unglaublich ist – in dieser Liturgie keine Antwort, aber eine Hoffnung gefunden haben. Eine Hoffnung, die aufgrund ihrer Intensität das Herz berührt, weil sie eine viel größere und längere Geschichte in Erinnerung ruft: die Geschichte der Liebe, der Treue und der Gegenwart Gottes unter den Menschen.

Deshalb ist es wichtig – wie wir in der Botschaft des Heiligen Vaters zum Welttag der Sozialen Kommunikationsmittel 2020 lesen –, dieses Ereignis zu *einer Geschichte* werden zu lassen: damit man es, wie es im Motto heißt, *„dem Sohn und dem Enkel erzählen kann"*. Das ist notwendig, weil auf diese Weise *das Leben zur Geschichte wird:* Geschichte, die in Erinnerung gerufen wird, Geschichte, die wieder erlebt wird, Geschichte, die an zukünftige Generationen weitergegeben wird, damit sie Teil der großen Geschichte von Gottes Weg mit der Menschheit werden kann. Der gegenwärtige Moment ist nicht nur von diesem Virus gezeichnet; er wird im Wesentlichen auch von der Gegenwart Gottes besiegelt. Das muss man sich merken und weitererzählen, *damit es im Gedächtnis verankert bleiben kann*…

Die Erzählung sollte nicht etwas zeigen, das *zu sehen* ist, sondern vielmehr eine Begegnung schaffen, die *erlebt* werden muss. Es ging darum, in den Häusern *anzukommen*, um die Herzen zu *erreichen*. Obwohl der Platz also leer an konkreten Personen war, war er in Wahrheit doch übervoll mit Menschen, die – mit Hilfe der *Digitalität – geistig vereint* das Mysterium lebten, das gerade gefeiert wurde.

Die Erzählung ist nicht die eines Schriftstellers oder Künstlers, der die Stille sucht, um die Muse herbeizurufen, die ihn zu der Idee inspiriert, auf deren Grundlage er schreiben, die Handlung seiner Geschichte aufbauen kann. Die Erzählung ist die des „Hirten mit dem Geruch der Schafe", die Erzählung des Fürsprechers, der zwischen Gott – dessen Name *Barmherzigkeit* ist – und dem Volk steht, für das der Sohn sein Leben gab und das nun diese Barmherzigkeit erfleht.

Die Erzählung des Ereignisses hat also ein Netz gewoben zwischen dem barmherzigen Gott, der in der Geschichte des Menschen immer gegenwärtig ist, und seiner Kirche, die ihn *in ihrer Angst* anfleht, weil sie ermutigt werden muss, zum Glauben und zum Vertrauen zurückzukehren, zur Gewissheit der Gegenwart ihres Gottes. Kurz gesagt: die Erzählung ist nicht anders als die vielen, die man in der Heiligen Schrift findet, aber diese findet im Kontext einer liturgischen Feier im Vatikan statt, in der heutigen globalisierten Welt, in der eine Pandemie grassiert, die die ganze Welt im Griff hat.

Ja, die Erzählung geht aus der Stille hervor, aber aus einer Stille, die in der Kontemplation gründet, die in das Geheimnis Gottes und in das Geheimnis des menschlichen Leidens eintritt. Es ist keine Muse, die inspiriert, sondern die Ausübung des Amtes des Papstes, der eine Brücke zwischen Gott und den Menschen errichtet.

Aber sie ist nicht nur aus dem Schweigen entstanden, sondern auch aus dem Mitleiden mit der Kirche, die er als Bischof und Hirte leitet und der er auch als Christ angehört. Diese theologische und geistliche Realität spiegelt sich wider in dem bewegenden Bild des Hinaufgehens des Heiligen Vaters vom Platz – dem Ort der Menschen – zum Petersdom, der Wohnstatt Gottes. So offenbart sich in einer einzigen Bewegung dieses stellvertretende Voranschreiten und Hinführen des Volkes Gottes zum Ort der Begegnung, der Kontemplation und der segensreichen Gegenwart.

Aus dieser Sicht des Hirten und Fürsprechers leitet sich also die Grunderzählung ab, die voraussetzt, dass man die barmherzige Liebe Gottes kennt, um überhaupt bitten zu können, und dass man die Not der Menschen kennt, um zu wissen, worum man bitten soll. Aber man muss auch wissen, wie man die Kirche dazu ermuntert, Glauben, Vertrauen und Hoffnung zu wecken, denn der treue Gott verlangt Treue.

»Warum habt ihr solche Angst? Habt ihr noch keinen Glauben?«

Die Frage Jesu ist eine große Ermahnung: *»Warum habt ihr solche Angst? Habt ihr noch keinen Glauben?«* Das ist der rote Faden nicht nur der Predigt, sondern des ganzen Geschehens, denn das Hinaufsteigen stellt das „mit Furcht aus der Welt kommen" dar, aus dem sich die Frage ergibt: *»Warum habt ihr solche Angst?«*; und der Segen mit dem Allerheiligsten stellt die offensichtliche Gegenwart Jesu in der Geschichte dar, und damit die Frage: *»Habt ihr noch keinen Glauben?«*. Das heißt: Die Worte *»Warum habt ihr solche Angst? Habt ihr noch keinen Glauben?«* sind der Refrain, das Bindeglied, die Achse, der Anfang und das Ende jenes Ereignisses, denn die Gewissheit bezüglich der Verheißung *»Ich bin mit euch alle Tage bis zum Ende der Welt«* ist der Schlüssel, um keine Angst zu haben und fest im Glauben zu stehen. Mit Jesus an Bord des Bootes der Geschichte erleidet man keinen Schiffbruch. So wie Jesus aufsteht, um den Glauben der Jünger neu zu beleben, geht der Heilige Vater zum Haus Gottes, um den Glauben der Welt von heute neu zu beleben.

Ein besonderes Element des „Darbringens der Menschheit im Tempel" ist das Gedenken an all die *»gewöhnlichen Menschen – meist vergessen –, die nicht in den Schlagzeilen der Zeitungen und Zeitschriften erscheinen…, die aber zweifelsohne die entscheidenden Ereignisse unserer heutigen Geschichte schreiben«*. Unter ihnen sind alle, beginnend mit den Geringsten, den Menschen an den „existenziellen Randgebieten".

Der Aufruf, wie die Jünger Jesus zu suchen, auf Ihn zu hoffen und an Ihn zu glauben, ist klar und eindeutig, er wird nicht verniedlicht, sondern in die richtige christologische Dimension gestellt: *»Wir haben einen Anker: in seinem Kreuz sind wir gerettet. Wir haben ein Steuerrad: In seinem Kreuz sind wir erlöst worden. Wir haben eine Hoffnung: In seinem Kreuz sind wir geheilt und umarmt worden, so dass nichts und niemand uns von seiner erlösenden Liebe trennen kann«. Deshalb, ganz im Sinne der Hoffnung der Jünger, »wenn wir in rauer See stehen, flehen wir dich an: „Steh auf, Herr!" «.*

Das erhoffte Wunder

Kümmert dich das nicht?... fragen die Jünger, wie auch wir Gott so oft in unserem Leben fragen: *Kümmert dich unser Leid nicht? Warum schweigst du? Warum schläfst du?...*

Für die Antwort müssen wir auf Jesus zugehen, wir müssen zu Ihm zurückkehren, denn nur er kann den Sturm beruhigen und die Wasser besänftigen.

Viele nahmen ängstlich an der Gebetsandacht teil, auf der Suche nach einem „Wunder". Das Evangelium, das für diese liturgische Feier ausgewählt wurde, schien in diese Richtung zu gehen. Ein großes Ereignis zu veranstalten, damit das erhoffte Wunder geschehe, wie das Meer, das von Jesus besänftigt wurde: dass das Virus mit dem Segen verschwinden würde. Also, mit einem Schlag, Wunder vollbracht, kein Virus mehr, alle glücklich und ein paar Tage später, in der ungezügelten *Routine* einer „kranken Welt", erscheint alles wie ein Alptraum mit Happy End.

Und wenig später – und es wäre nicht das erste Mal – hätten wir das aufsehenerregende Wunder vergessen, es einfach hinter uns gelassen... Im Evangelium finden wir viele solche Geschichten: große Wunder, die das Volk nicht verstand und an die sich auf dem Kreuzweg niemand mehr erinnerte; wir brauchen nur daran zu denken, was nach der Vermehrung der Brote und Fische geschah.

Die Bedeutung der Wunder Jesu lag nicht im Wunder selbst, sondern in dem Zeichen, das er geben wollte, und in seiner Bedeutung: Er gab dem Blinden das Augenlicht zurück, um zu sagen: „Ich bin das Licht der Welt"; er gab den Menschen zu essen im Überfluss, um zu sagen: „Ich bin das Brot des Lebens"; er erweckte die Toten, um zu sagen: „Ich bin das Leben". Für Jesus war das eigentliche Ereignis nicht das Wunder, sondern die Botschaft, die es enthielt. Das eigentliche Wunder war also nicht die Heilung oder die Vermehrung der Brote, sondern die Erweckung des Glaubens der Jünger. Das Wunder ist der Glaube an Jesus, denn er ist der wesentliche Punkt der Erlösung: „Wer an mich glaubt, hat das ewige Leben". Das Ziel des Wunders ist der Glaube: „...damit sie glauben" (vgl. *Joh* 16).

Denn die Wunder, die Früchte trugen, sind jene, die die Jünger dazu bewegten, ihren Glauben zu bekennen und dem Herrn zu folgen, wie es bei dem von Geburt an blinden Mann geschah, dessen wunderbares Glaubensbekenntnis im Evangeliumsbericht aufgezeigt wird: „Wer ist das, Herr, damit ich an ihn glaube?... Ich glaube, Herr" (vgl. *Joh* 9,1-41).

Die in den Herzen der Menschen „fehlgeschlagenen“ Wunder sind diejenigen, die viele dazu verleiten, sich auf den materiellen Aspekt des Ereignisses zu beschränken: Er vermehrte die Brote, und sie wollten ihn zum König machen, damit er ihnen Brot gebe, ohne dass sie arbeiten müssen. Ereignisse, die in den meisten Fällen nicht zum Glauben an die Gegenwart Gottes führten, keinen Glaubensimpuls hervorriefen, sondern die eine allzu menschliche Stabilität, eine Vereinfachung bei der Befriedigung von Bedürfnissen oder der Lösung von Problemen forderten.

In der *Statio Orbis* könnte für einige der menschliche Impuls derselbe sein: die Suche nach einem „magischen“ Ereignis, um das Problem zu lösen, das Leiden zu beenden und zum gewohnten Leben zurückzukehren. Deshalb ist in den Augen vieler „nichts passiert“: Das erhoffte Wunder ist nicht eingetreten. Aber in Wirklichkeit geschah das Wunder, wenn wir es mit den Augen Jesu betrachten, denn das Ziel war, *den Glauben der Gläubigen zu beleben, ihre Herzen wieder zur Hoffnung zu erwecken und eine kreative Nächstenliebe zu fördern*, damit sich die Liebe in der Welt offenbaren kann.

»Seht, ich mache alles neu« (*Offb* 21,5)

Wenn die Gebetsandacht keine Filmproduktion war und auch keine „magische“ Handlung, um das Virus zu vertreiben, dann war sie ganz gewiss auch keine „fromme Andachtsübung“, die losgelöst von der Welt und der Geschichte in Unbeweglichkeit verharrte. Wie die Jünger bei der Himmelfahrt des Herrn zum Himmel aufblickten, so können wir alle, Christen und Menschen guten Willens, nicht bei der Erinnerung an eine besondere Zeremonie stehen bleiben. Die *Statio Orbis* und das gesamte Gebet müssen der Ausgangspunkt für den Aufbau von etwas Neuem sein, für einen radikalen Wandel in der Kultur, für einen Neuanfang, eine neue Zukunft.

Die *Statio Orbis* ist nicht nur ein Gebet zur Barmherzigkeit Gottes – sie ist eine Aufforderung an das Volk, ein neues Leben, eine neue Geschichte zu schaffen. So entsteht aus der Betrachtung dieser Liturgie eine päpstliche Lehre, die klar und deutlich die Wirklichkeit und die Ursachen aufzeigt, zu denen die Menschen hinsichtlich der Entstehung dieser Krise und damit auch zur Notwendigkeit einer Änderung ihres Lebens beigetragen haben. Wenn die Pandemie also die Schwäche unserer Kultur und unserer Art, in der Gesellschaft und in unserem *gemeinsamen Haus* zu leben, aufgezeigt hat, ist es notwendig, dass wir aus dieser Krise eine Lehre ziehen, um verändert herauszukommen, denn aus einer Krise kommen wir nie gleich heraus: *entweder kommen wir besser oder schlechter heraus – aber nie gleich.*

Um die reiche Lehre, die aus diesem Ereignis hervorgeht, verstehen und sich von ihr erleuchten lassen zu können, bieten wir im *Zweiten Teil* dieses Buches eine Zusammenstellung der wichtigsten Beiträge des Heiligen Vaters an, in denen er aufzeigt, was er *in nuce* in seiner Meditation im Rahmen der *Statio Orbis* gesagt hat.

Lucio Adrián Ruiz

Teil II

Was wir aus der Pandemie lernen sollen
Das Lehramt von Franziskus

Einführung

Teil II

Seit dem 27. März ist das Lehramt von Papst Franziskus noch reicher geworden ... um eine fruchtbringende Lehre. Ein roter Faden durchzieht jede Predigt, jede Botschaft und jede Meditation..., um die Welt zu begleiten, indem man die Situation klar analysiert, zur Kreativität im Handeln anregt und die Hoffnung verbreitet, die vom Gekreuzigten und Auferstandenen kommt. Sein Lehramt lädt uns ein, in dieser geschichtlichen Realität eine Zeit der Gnade zu sehen, um unser Leben zu überdenken, um uns zu fragen, was aus unserer Kultur geworden ist, worauf sich unsere Beziehungen zu anderen Menschen und das Verhalten eines jeden von uns gegenüber unserem gemeinsamen Haus reduziert haben. Diese Gnade nicht zu ergreifen, hieße, diese Zeit und damit den Schmerz und das Leid der ganzen Menschheit zu vergeuden.

Am **12. April**, dem Ostersonntag, hat der Heilige Vater einen Weg eingeschlagen, der von Botschaften gesäumt war, die unser Leben in der Zeit der Pandemie begleitet haben. Sie sind nicht vorbei, so wie auch unser Leiden und auch die Krise in der Welt nicht vorbei sind. Es ist eine Lehre, die den Alltag unseres Lebens begleitet, während wir um unsere Toten trauern und versuchen, unsere Gesundheit wiederzuerlangen; nicht nur unsere eigene, sondern auch die *unserer kranken Welt*. „Christus ist auferstanden!", hat Papst Franziskus in seiner Botschaft *Urbi et Orbi* ausgerufen, und er rief uns auf, eine andere „Ansteckung" zu beginnen; eine, die von Herz zu Herz geht: die Ansteckung der Liebe und der Hoffnung. Der Auferstandene tritt ein, obwohl die Türen verschlossen sind; er erscheint in einem „schwierigen Moment" unserer Gemeinschaft, die verschlossen, verwirrt und voller Angst ist. Die Erfahrung der Auferstehung ist kein Ziel-, sondern ein Anfangspunkt; sie ist ein Aufbruch, eine Sendung.

Am **17. April** schrieb der Papst für die Zeitschrift *Vida Nueva*: ein „Plan, um wiederaufzustehen". Die Einladung zur Freude, schreibt Franziskus, mag wie eine Provokation erscheinen, fast wie ein schlechter Scherz angesichts der Auswirkungen von COVID-19. Doch der Papst ruft uns auf, angesichts von Zweifel, Leid, Ratlosigkeit und Angst die Haltung der Frauen im Evangelium einzunehmen, die Zeuginnen der Auferstehung waren. »Siehe, nun mache ich etwas Neues. Schon sprießt es, merkt ihr es nicht?« (*Jes* 43,18b). Dies ist der richtige Zeitpunkt, um uns zu einer neuen Vorstellungskraft zu ermutigen, uns vom Heiligen Geist leiten zu lassen, „alles neu zu machen" (*Offb* 21,5).

Am **19. April** warnte der Heilige Vater in seiner Predigt bei der Messe zum Sonntag der Göttlichen Barmherzigkeit vor einem noch gefährlicheren Virus, „dem des gleichgültigen Egoismus, der sich überträgt, wenn ich denke, dass das Leben besser wird, wenn es besser wird für mich." Das Gegenmittel ist „die Barmherzigkeit, welche die Zurückgebliebenen nicht im Stich lässt".

Am **30. Mai**, dem Vorabend von Pfingsten, hat Papst Franziskus noch einmal bekräftigt, dass »sich niemand allein rettet«, dass »wir *eine* Menschheit sind«, die den Heiligen Geist braucht, um uns neue Augen zu geben, unseren Verstand und unsere Herzen zu öffnen. Seine Worte scheinen bereits ein Vorgeschmack auf seine kommende Enzyklika zu sein. »Wenn wir aus dieser Pandemie herauskommen, werden wir nicht mehr tun können, was wir getan haben und wie wir es getan haben«: Es gilt, andere Pandemien auszurotten wie die der Armut. Wir gehen aus diesem Prozess *besser oder schlechter hervor, aber niemals gleich*.

Am **31. Mai** wandte sich Papst Franziskus in einem Brief an alle Priester Roms, um ihnen mitzuteilen, was er während der Pandemie dachte und fühlte. In dem Brief erkennt er die Schwierigkeit an, den einzuschlagenden Weg zu finden, aber er bekräftigt auch die Aufgabe, die Hoffnung am Leben zu halten und für eine neue „Normalität" zu arbeiten, die »entweder etwas Neues sein wird, oder mehr, sehr viel mehr und schlimmer sein wird als gewöhnlich«

Am **25. September** wandte sich Papst Franziskus an die Generalversammlung der Vereinten Nationen (die inzwischen die Schwere der COVID-19-Pandemie erkannt hatte) mit dem Aufruf, zwischen dem, was wirklich wichtig ist, und dem, was vergänglich ist, zu unterscheiden, das Notwendige vom Unwichtigen zu trennen. Er wies die Versammlung auf die einmalige Gelegenheit hin, unsere Lebensweise und unsere wirtschaftlichen und sozialen Systeme zu verändern, umzuwandeln und neu zu überdenken. Und er endete mit dem Hinweis auf die höchste Wahrheit, die uns die Pandemie zeigt: Wir können nicht ohne die anderen leben, geschweige denn einer gegen den anderen.

Am **3. Oktober** unterzeichnete der Heilige Vater in Assisi, am Grab des heiligen Franziskus, seine dritte Enzyklika, *Fratelli Tutti*. Die Pandemie, so der Papst, habe die Abfassung seines Schreibens unterbrochen. Möge der Himmel gewähren, dass es am Ende (der Pandemie) keine „anderen" mehr geben werde, sondern nur noch „uns". Die Epidemie habe die Zerbrechlichkeit der Weltsysteme gezeigt.

Vor der Veröffentlichung seiner Enzyklika hat Papst Franziskus bei neun Generalaudienzen – **vom 5. August bis 30. September 2020** – eine Katechesereihe gehalten, der er folgenden Titel gegeben hat: ***Die Welt heilen*** durch die Verwandlung der Wurzeln unserer körperlichen, geistigen und sozialen Krankheiten.

1) Einführung (5. August 2020): Wie können wir heute dazu beitragen, unsere Welt zu heilen? Während die Vorbeugung und Bekämpfung von Pandemien Aufgabe der politischen und sozialen Verantwortlichen ist, hat die Kirche im Laufe der Jahrhunderte und im Licht des Evangeliums einige grundlegende soziale Prinzipien entwickelt, die im *Kompendium der Soziallehre der Kirche* aufgeführt sind und von denen jedes eine Möglichkeit zur Heilung einer der großen Krankheiten unserer Welt bietet.

2) Glaube und Menschenwürde (12. August 2020): Angesichts der Pathologie einer verzerrten oder blinden Sichtweise der Person, die ihre Würde und ihren relationalen Charakter außer Acht lässt und sie zu einem Objekt macht, ist es notwendig, zu einem Blick zurückzufinden, der den Menschen als Träger einer unveräußerlichen

Würde zu erkennen vermag. Es geht darum, ihn anzuschauen und als Bruder zu erkennen, niemals als Fremden; ihn mit Mitgefühl und Empathie zu betrachten. Wir bitten Gott, „unser Augenlicht wiederherzustellen“: Mit diesem neuen Blick müssen wir konkrete Taten des Mitgefühls und des Respekts für jeden Menschen sowie der Pflege und Bewahrung unseres gemeinsamen Hauses beginnen.

3) Die bevorzugte Option für die Armen und die Tugend der Nächstenliebe (19. August 2020): Die Pandemie hat die Notlage der Armen und die großen Ungleichheiten in der Welt ins Licht gerückt und verschärft. Die bevorzugte Option für die Armen darf als Antwort nicht fehlen, denn sie ist das Herzstück des Evangeliums, sie ist ein Schlüsselkriterium christlicher Authentizität. Es bedeutet, gemeinsam zu gehen und sich von den Armen evangelisieren zu lassen. Wir haben die Chance, aus der Krise heraus etwas Neues aufzubauen, das die Wurzeln der Armut verändert. Wir bitten um die Hilfe des Herrn, um die Kraft, besser herauszukommen und auf die Bedürfnisse der heutigen Welt einzugehen.

4) Die universelle Bestimmung der Güter und die Tugend der Hoffnung (26. August 2020): Wir laufen Gefahr, die Hoffnung zu verlieren. Wir haben eine kranke Wirtschaft aufgrund eines ungerechten Wirtschaftswachstums, das die grundlegenden menschlichen Werte nicht berücksichtigt und nicht für das gemeinsame Haus Sorge trägt. An der Wurzel all dessen liegt jene sündhafte Verhaltensweise, unsere Brüder und Schwestern, die Natur und sogar Gott selbst besitzen und beherrschen zu wollen. Die Erde »war schon vor uns da und ist uns gegeben worden«, wir sind Verwalter, nicht Eigentümer, wir haben die Pflicht, ihre Früchte allen zukommen zu lassen, nicht nur einigen. Wir müssen gemeinsam handeln, in christlicher Hoffnung, verwurzelt in Gott, der den Willen zum Teilen aufrechterhält, denn darin besteht der Sendungsauftrag der Jünger Christi.

5) Die Solidarität und die Tugend des Glaubens (2. September 2020): Wir sind alle miteinander verbunden, und um besser aus der Krise herauszufinden, müssen wir dies gemeinsam tun, in Solidarität. Solidarität ist nicht nur eine Frage der Hilfe für andere, sie ist eine Frage der Gerechtigkeit, sie ist das Pfingsten, an dem jeder von uns zum Instrument der Gemeinschaft wird und mit seinem ganzen Sein am Aufbau der Gemeinschaft teilnimmt. Inmitten von Krisen und Stürmen fordert uns der Herr heraus und lädt uns ein, die Solidarität zu wecken und zu verwirklichen, die in der Lage ist, diesen Stunden, in denen alles zu zerbrechen scheint, Halt, Unterstützung und Sinn zu geben.

6) Die Liebe und das Gemeinwohl (9. September 2020): Die christliche Antwort auf die Pandemie und die daraus resultierenden Krisen basiert auf der Liebe und vor allem auf der Liebe zu Gott. Wahre Liebe macht uns fruchtbar und frei, ist immer expansiv und inklusiv, heilt und tut Gutes. Die Liebe umfasst die zivilen und politischen Beziehungen sowie die Beziehung zur Natur. Eine der höchsten Ausdrucksformen der Liebe ist sozial und politisch. Inklusive Liebe ist sozial, sie ist familiär, sie ist politisch. Die Antwort auf die Pandemie darf keine Spuren von Egoismus tragen, sie muss auf den Fels des Gemeinwohls gegründet sein. Wir brauchen eine gute Politik und wir müssen unsere soziale Liebe intensivieren.

7) Die Sorge um das gemeinsame Haus und eine kontemplative Haltung (16. September 2020): Um aus der Pandemie herauszukommen, müssen wir für uns selbst und unser gemeinsames Haus Sorge tragen. Missbrauch macht uns krank: Das beste Gegenmittel gegen den Missbrauch unseres gemeinsamen Hauses ist die Kontemplation. Wir brauchen Stille, wir brauchen Zuhören, wir brauchen Kontemplation, jene Art von Kontemplation, die die Seele heilt. Wenn wir kontemplativ sind, entdecken wir in den anderen und in der Natur etwas, das größer ist als ihre Nützlichkeit; kontemplieren bedeutet, über die Nützlichkeit hinauszugehen, es ist Unentgeltlichkeit, es führt uns zu einer Haltung der Fürsorge, es macht uns zu mehr als zu Zuschauern, es macht uns zu Protagonisten. Wer die Natur und die Schöpfung nicht zu betrachten weiß, kann auch den Menschen mit all seinen Reichtümern nicht betrachten. Wer kontempliert, wird sich an die Arbeit machen, das zu ändern, was schädlich ist; der Kontemplative muss in seinem Handeln zum Hüter der Umwelt werden. Kontemplation und Achtsamkeit sind der Weg zur Zurechtweisung, zur Wiederherstellung des Gleichgewichts und zur Heilung.

8) Die Subsidiarität und die Tugend der Hoffnung (23. September 2020): Die aktuelle Krise ist sanitärer Natur und zugleich sozial, politisch und wirtschaftlich. Jeder von uns ist aufgerufen, seinen Teil der Verantwortung zu tragen, sich also an der Verantwortung zu beteiligen. Wir müssen nicht nur als Einzelne, sondern als Gesellschaft mit unseren Prinzipien und unserem Glauben an Gott reagieren. Damit dies ein echter sozialer Wiederaufbau wird, brauchen wir das Prinzip der Subsidiarität, um noch näher zueinander zu finden; die Zusammenarbeit erfolgt von oben nach unten und von unten nach oben. Jeder muss in der Lage sein, Verantwortung für die Prozesse der Gesellschaft zu übernehmen, deren Teil er ist. Ohne gesellschaftliche Teilhabe gibt es keine wahre Solidarität. Wir müssen eine Zukunft aufbauen, in der sich die lokale und die globale Dimension gegenseitig bereichern.

9) Gemeinsam mit Jesus, der rettet und heilt, die Zukunft vorbereiten (30. September 2020): Wir sind gerufen, die Welt zu heilen, die an einer Krankheit leidet, die durch die Epidemie hervorgehoben und akzentuiert wurde. Wir sind gerufen, gemeinsam zu gehen und dabei unseren Blick auf Jesus zu richten, der die Welt rettet und heilt. Auf diese Weise können wir die Gesellschaft erneuern und vermeiden, in die kranke „Normalität" vor der Pandemie zurückzukehren. Die Normalität, zu der wir berufen sind, ist die des Reiches Gottes, wo niemand an seinem Nächsten vorbeigeht und wegschaut, wo die sozialen Strukturen auf dem Prinzip der Mitwirkung und des Teilens beruhen. Die Zärtlichkeit, das Zeichen der Gegenwart Jesu, besteht darin, auf den Nächsten zuzugehen, um gemeinsam zu gehen, zu heilen und zu helfen.

Der Aufruf des Heiligen Vaters auf diesem Weg besteht darin, als Jünger des heilenden Jesus gemeinsam nachzudenken und darauf hinzuwirken, eine bessere, hoffnungsvollere Welt zu errichten: um die Welt zu heilen, um uns von den Bedrohungen durch gefährliche Viren zu befreien, um den Schmerz der Wunden zu überwinden, die COVID-19 in der Menschheit hinterlässt.

Das wird allerdings nur möglich sein, wenn wir anerkennen, dass sich niemand allein retten kann, weil wir alle Brüder und Schwestern sind.

Deshalb wird in diesem zweiten Teil ein kleines Kompendium der wichtigsten Lehren von Papst Franziskus zur Corona-Zeit angeboten, die auf den historischen 27. März 2020 folgte. Wir wollen so den Weg des Volkes Gottes in diesem historischen Moment nicht nur begleiten, sondern diese Zeit der Gnade auch für eine *neue Schöpfung* nutzen. Denn »schlimmer als diese Krise ist nur das Drama, sie zu vergeuden«.

Botschaft *Urbi et Orbi*

Ostern 2020

Basilika Sankt Peter, Confessio-Altar
12. April 2020*

Liebe Brüder und Schwestern, frohe Ostern!

Heute erklingt überall in der Welt die Botschaft der Kirche: „Jesus Christus ist auferstanden!" – „Er ist wahrhaft auferstanden!"

Wie eine neue Flamme erstrahlte diese Gute Nachricht in der Nacht; in der Nacht einer Welt, die bereits mit epochalen Herausforderungen zu kämpfen hatte und nun von einer Pandemie bedrängt wird, die unsere große Menschheitsfamilie auf eine harte Probe stellt. In dieser Nacht ist nun die Stimme der Kirche erklungen: »Er lebt, der Herr, meine Hoffnung!« (*Ostersequenz*).

Es geht hier um eine andere Art der „Ansteckung", die von Herz zu Herz übertragen wird – denn jedes menschliche Herz ersehnt diese Gute Nachricht. Es ist die Ansteckung der Hoffnung: »Er lebt, der Herr, meine Hoffnung!« Das ist kein Zauberspruch, welcher unsere Probleme verschwinden lässt. Nein, die Auferstehung Christi ist etwas anderes. Sie ist der Sieg der Liebe über die Wurzel des Bösen, ein Sieg, der Leiden und Tod nicht „umgeht", sondern durchquert und im Abgrund einen Weg öffnet und damit Böses in Gutes verwandelt. Dies ist ein exklusives Kennzeichen der Macht Gottes.

Der Auferstandene und der Gekreuzigte sind derselbe, nicht zwei verschiedene. An seinem verherrlichten Leib trägt er unauslöschlich die Male der Kreuzigung; die Wunden, die zu Luken der Hoffnung geworden sind. Wir richten unseren Blick auf ihn. Er möge die Wunden der geplagten Menschheit heilen.

In meinen Gedanken bin ich heute vor allem bei denjenigen, die unmittelbar vom Coronavirus betroffen sind: bei den Kranken, den Verstorbenen und den Familien, die um ihre Angehörigen trauern, von denen sie sich bisweilen nicht einmal verabschieden konnten. Der Herr des Lebens nehme die Verstorbenen auf in sein Reich und schenke denen Trost und Hoffnung, die sich noch in der Prüfung befinden, insbesondere den alten und alleinstehenden Menschen. Er säume nicht, denjenigen Trost und die notwendige Hilfe zuteilwerden zu lassen, die besonders gefährdet sind, wie etwa diejenigen, die in Pflegeheimen arbeiten oder in Kasernen und Gefängnissen leben. Für viele ist es ein recht einsames Osterfest, inmitten von Trauer und verschiedenen Nöten, die von der Pandemie herrühren, von körperlichem Leid bis hin zu finanziellen Schwierigkeiten.

* http://www.vatican.va/content/francesco/de/messages/urbi/documents/papa-francesco_20200412_urbi-et-orbi-pasqua.html

Diese Krankheit hat uns nicht nur der gegenseitigen Nähe beraubt, sondern auch der Möglichkeit, Trost aus den Sakramenten, insbesondere denen der Eucharistie und der Versöhnung, zu schöpfen. In vielen Ländern war es nicht möglich, diese Sakramente zu empfangen, aber der Herr hat uns nicht allein gelassen! Im Gebet auch weiterhin vereint, sind wir gewiss, dass er seine Hand auf uns gelegt hat (vgl. *Ps* 139,5) und uns eindringlich wiederholt: Fürchtet euch nicht: »Ich bin erstanden und bin immer bei dir« (vgl. *Osterliturgie – Messe vom Tag*).

Kraft und Hoffnung verleihe Jesus, der Auferstandene, den Ärzten sowie den Krankenschwestern und Pflegern, die überall ein Zeugnis der Fürsorge und Liebe für ihren Nächsten bis zur Erschöpfung und nicht selten bis zum Opfer der eigenen Gesundheit ablegen. Ihnen und allen, die sich eifrig für die Gewährleistung aller Dienste einsetzen, die zum gesellschaftlichen Zusammenleben notwendig sind, den Ordnungskräften und dem Militär, die in vielen Ländern dazu beigetragen haben, die Schwierigkeiten und Leiden der Bevölkerung zu lindern, gilt unser herzlicher Dank.

In diesen Wochen hat sich das Leben von Millionen von Menschen schlagartig verändert. Für viele war der Aufenthalt zu Hause eine Gelegenheit nachzudenken, in der Hektik des Lebens innezuhalten, mit ihren Lieben zusammen zu sein und ihre Gesellschaft zu genießen. Für viele ist es aber auch eine Zeit der Sorge um eine ungewisse Zukunft, den drohenden Verlust eines Arbeitsplatzes und die anderen Folgen, die die gegenwärtige Krise mit sich bringt. Ich ermutige alle politisch Verantwortlichen, sich aktiv für das Gemeinwohl der Bürger einzusetzen und die Mittel und Geräte bereitzustellen, die notwendig sind, um allen ein menschenwürdiges Leben zu ermöglichen und dann, wenn es die Umstände erlauben, ihnen zu helfen, ihre gewohnten täglichen Aktivitäten wiederaufzunehmen.

Diese Zeit erlaubt keine Gleichgültigkeit, denn die ganze Welt leidet und muss sich bei der Bekämpfung der Pandemie zusammenschließen. Der Auferstandene schenke den Armen und allen, die am Rande der Gesellschaft leben, den Flüchtlingen und Obdachlosen, Hoffnung. Mögen diese schwächsten Brüder und Schwestern, die die Städte und Randgebiete in allen Teilen der Welt bevölkern, nicht auf sich allein gestellt sein. Lassen wir nicht zu, dass es ihnen an den lebensnotwendigen Dingen fehlt, die jetzt aufgrund der vielen Schließungen nur schwer zu finden sind, ebenso wie auch Medikamente und eine angemessene Gesundheitsversorgung. Angesichts der Umstände sollten auch die internationalen Sanktionen gelockert werden, die es den betreffenden Ländern unmöglich machen, ihre Bürger angemessen zu unterstützen. Alle Staaten sollten in die Lage versetzt werden, die notwendigsten Maßnahmen in Angriff zu nehmen, indem die Schulden, welche die Bilanzen der ärmsten Länder belasten, teilweise oder sogar ganz erlassen werden.

Diese Zeit erlaubt keinen Egoismus, denn die Herausforderung, vor der wir stehen, ist uns allen gemeinsam und macht keine Unterschiede. Bei den vielen Gebieten der Welt, die vom Coronavirus betroffen sind, kommt mir eigens in Bezug auf Europa folgender Gedanke. Nach dem Zweiten Weltkrieg konnte dieser Kontinent wieder neu erstehen, weil ein konkret spürbarer Geist der Solidarität es ermöglichte, die Rivalitäten der Vergangenheit zu überwinden. Umso dringender ist es, gerade unter den heutigen Umständen, dass diese Rivalitäten nicht wieder aufleben, sondern dass sich alle als Teil einer Familie erkennen und sich gegenseitig unterstützen. Die Europäische Union steht heute vor einer epochalen Herausforderung, von der nicht nur ihre Zukunft, sondern die der ganzen Welt abhängt. Lasst uns nicht die Gelegenheit versäumen, einen weiteren Beweis der Solidarität zu erbringen, auch wenn wir dazu neue Wege einschlagen müssen. Als Alternative bleibt sonst nur ein Egoismus der Einzelinteressen und die Versuchung, in die Vergangenheit zurückzukehren, und das Risiko in Kauf zu nehmen, dass das friedliche Zusammenleben und die Entwicklung künftiger Generationen auf eine harte Probe gestellt werden.

Diese Zeit erlaubt keine Spaltungen. Möge Christus, unser Friede, diejenigen erleuchten, die in den Konflikten Verantwortung tragen, sodass sie den Mut haben, dem Aufruf zu einem globalen und sofortigen Waffenstillstand in allen Teilen der Welt zu folgen. In dieser Zeit ist es unangebracht, weiter Waffen zu produzieren und damit Handel zu treiben und Unsummen auszugeben, die man eigentlich bräuchte, um Kranke zu heilen und Menschenleben zu retten. Es ist hingegen an der Zeit, endlich den langen und blutigen Krieg im geschätzten Syrien zu beenden. Der Konflikt im Jemen und die Spannungen im Irak sowie im Libanon müssen endlich ein Ende haben. Dies ist hoffentlich auch der Zeitpunkt, an dem Israelis und Palästinenser endlich wieder den Dialog aufnehmen, um eine stabile und dauerhafte Lösung zu finden, die beiden ein Leben in Frieden ermöglicht. Das Leid der Menschen in der Ost-Ukraine muss aufhören. Man setze den Terroranschlägen, die gegen so viele unschuldige Menschen in verschiedenen Ländern Afrikas verübt wurden, ein Ende.

Diese Zeit erlaubt kein Vergessen. Die Krise, in der wir uns augenblicklich befinden, lasse uns nicht die zahlreichen anderen Nöte vergessen, unter denen viele Menschen leiden. Der Herr des Lebens zeige den Menschen in Asien und Afrika seine Nähe, die schwere humanitäre Krisen durchmachen, wie etwa in der Region Cabo Delgado im Norden Mosambiks. Er erwärme die Herzen der vielen Menschen, die aufgrund von Krieg, Dürre und Hungersnot auf der Flucht sind und vertrieben wurden. Er beschütze die vielen Migranten und Flüchtlinge, unter denen sich zahlreiche Kinder befinden und die unter unerträglichen Bedingungen leben, insbesondere in Libyen und an der griechisch-türkischen Grenze. Und ich möchte auch die Insel Lesbos nicht vergessen. Er ermögliche, dass man in Venezuela konkrete und sofortige Lösungen findet, die darauf abzielen, internationale Hilfe für die Bevölkerung zu ermöglichen, die unter der schweren politischen, sozioökonomischen und gesundheitlichen Situation leidet.

Liebe Brüder und Schwestern, Gleichgültigkeit, Egoismus, Spaltung und Vergessen sind wahrlich nicht die Worte, die wir in dieser Zeit hören wollen. Wir wollen sie aus allen Zeiten verbannen! Sie scheinen besonders dann die Oberhand zu bekommen, wenn Angst und Tod in uns dominieren, d.h. wenn wir den Herrn in unseren Herzen und in unserem Leben nicht siegen lassen. Er, der den Tod bereits besiegt hat und uns den Weg zum ewigen Heil eröffnet hat, vertreibe die Schatten unserer armen Menschheit und führe uns hin zu dem herrlichen Tag, der keinen Abend kennt.

Mit diesen Gedanken wünsche ich euch allen ein frohes und gesegnetes Osterfest!

Ein Plan, um wieder aufzustehen

Zeitschrift "Vida Nueva"
17. April 2020*

Und siehe, Jesus kam ihnen entgegen und sagte: »Freut euch« (vgl. *Mt* 28,9)

Dies sind die ersten Worte des Auferstandenen, nachdem Maria Magdalena und die andere Maria das leere Grab entdeckt haben und dem Engel begegnet sind. Der Herr geht ihnen entgegen, um ihre Trauer in Freude zu verwandeln und sie in ihrer Trübsal zu trösten (vgl. *Jer* 31,13). Es ist der auferstandene Herr, der die Frauen und mit ihnen die gesamte Menschheit zu neuem Leben erwecken will. Er will uns schon jetzt an dem Zustand als Auferstandene teilhaben lassen, der uns erwartet.

Diese Einladung zur Freude mag uns als Provokation oder gar als geschmackloser Scherz erscheinen angesichts der schwerwiegenden Folgen, unter denen wir aufgrund der Corona-Pandemie leiden. Nicht wenige könnten dies, wie die Emmausjünger, als einen Akt der Unwissenheit oder Verantwortungslosigkeit betrachten (vgl. *Lk* 24,17-19). Wie die ersten Jüngerinnen, die zum Grab gingen, leben wir umgeben von einer Atmosphäre des Leids und der Ungewissheit, die uns fragen lässt: »Wer könnte uns den Stein vom Eingang des Grabes wegwälzen?« (*Mk* 16,3). Wie sollen wir mit dieser Situation umgehen, die uns völlig überwältigt hat? Die Auswirkungen all dessen, was geschieht, die schwerwiegenden Folgen, die sich bereits abzeichnen und erahnen lassen, der Schmerz und die Trauer um unsere Lieben verwirren, ängstigen und lähmen uns. Es ist die schwere Last des Grabsteins, der unserer Zukunft im Weg steht und mit seinem Realismus alle Hoffnung zu begraben droht. Es ist die schwere Last der Angst von verletzlichen und alten Menschen, die in völliger Einsamkeit die Quarantäne durchleben; es ist die schwere Last der Familien, die nicht mehr wissen, wie sie ein warmes Gericht auf den Tisch stellen sollen, es ist die schwere Last des Gesundheits- und Sicherheitspersonals, wenn sie sich erschöpft und überfordert fühlen... diese schwere Last, die das letzte Wort zu haben scheint.

* Original in spanischer Sprache siehe: »Vida Nueva«, 17. April 2020. Ins Italienische übersetzt vom »L'Osservatore Romano«, Nr. 88, 18/4/2020.

25. November 2015
Öffnung der Heiligen Pforte der Kathedrale von Bangui

http://www.vatican.va/content/francesco/de/homilies/2015/documents/papa-francesco_20151129_repcentrafricana-omelia-cattedrale-bangui.html

Um so bewegender ist es, sich die innere Haltung der Frauen aus dem Evangelium in Erinnerung zu rufen. Konfrontiert mit Zweifeln, Leid und Ratlosigkeit angesichts dieser Situation und erfüllt von Angst vor Verfolgung und allem, was ihnen widerfahren könnte, waren sie in dennoch in der Lage, sich auf den Weg zu machen und sich nicht von dem, was geschah, lähmen zu lassen.

Aus Liebe zum göttlichen Meister und mit jenem bezeichnenden, unverkennbaren und gesegneten weiblichen Genius waren sie in der Lage, das Leben so zu nehmen, wie es kam, und Hindernisse schlau zu umgehen, um an der Seite des Herrn zu bleiben. Anders als viele der Apostel, die erfüllt von Angst und Unsicherheit flohen, die den Herrn verleugneten und wegliefen (vgl. *Joh* 18,25-27), haben sie es geschafft, einfach da zu sein und zu begleiten ... ohne den Ereignissen auszuweichen oder sie zu ignorieren, ohne zu fliehen oder wegzulaufen. Wie die ersten Jüngerinnen, die inmitten von Dunkelheit und Verzagtheit ihre Taschen mit wohlriechenden Ölen füllten und sich aufmachten, um den begrabenen göttlichen Meister zu salben (vgl. *Mk* 16,1), so konnten auch wir in dieser Zeit viele sehen, die sich um die Salbung der Mitverantwortung bemühten, um für das Leben anderer Sorge zu tragen und es nicht zu gefährden. Im Gegensatz zu jenen, die in der Hoffnung, sich selbst zu retten, geflohen sind, wurden wir Zeugen, wie sich Nachbarn und Familienmitglieder mit Mühe und Opferbereitschaft einsetzten, zu Hause zu bleiben und so die Ausbreitung des Virus zu stoppen. Wir konnten entdecken, wie viele Menschen, die bereits die Pandemie der Ausgrenzung und Gleichgültigkeit erleben und erleiden mussten, sich weiter einsetzen, begleiten und unterstützen, damit die Situation weniger leidvoll ist (oder vielmehr war).

Wir sahen, wie das Salböl von Ärzten, Krankenpflegern, Geschäftsleuten, Reinigungskräften, Betreuern, Transporteuren, Ordnungskräften, Freiwilligen, Priestern, Ordensleuten, Großeltern und Erziehern und vielen anderen ausgegossen wurde. Sie hatten den Mut, alles, was sie hatten, anzubieten, um in der schwierigen Lage etwas Fürsorge, Ruhe und Mut zu verbreiten. Auch wenn die Frage immer noch dieselbe war: »Wer könnte uns den Stein vom Eingang des Grabes wegwälzen?« (*Mk* 16,3), hörte keiner von ihnen auf, das zu tun, von dem er meinte, dass er es geben könnte und müsse.

Und genau dort, inmitten ihrer Beschäftigungen und Sorgen, wurden die Jüngerinnen von einer überwältigenden Ankündigung überrascht: »Er ist nicht hier. Er ist auferstanden.« Ihre Salbung war nicht eine Salbung zum Tod, sondern zum Leben. Ihr Wachen und Begleiten des Herrn, selbst im Tod und in der größten Verzweiflung, war nicht vergeblich, ja es ermöglichte ihnen, von der Auferstehung gesalbt zu werden: sie waren nicht allein, Er war lebendig und ging ihnen auf dem Weg voraus. Nur eine überwältigende Nachricht vermochte es, die Spirale zu durchbrechen, die sie daran hinderte, zu sehen, dass der Stein bereits weggerollt war und sich das ausgegossene Salböl besser verbreiten konnte als das, was sie bedrohte.

Das ist die Quelle unserer Freude und Hoffnung, die unser Handeln verwandelt: unsere Salbungen, unsere Hingabe ... unser Wachen und Begleiten auf jede erdenkliche Weise in dieser Zeit sind nicht und werden nicht vergeblich sein: es ist keine Hingabe an den Tod. Jedes Mal, wenn wir am Leiden des Herrn teilhaben, unsere Brüder und Schwestern im Leiden begleiten, ja dieselbe Passion erleben, werden unsere Ohren die Neuheit der Auferstehung vernehmen: wir sind nicht allein, der Herr geht uns voraus auf unserem Weg und entfernt die Steine, die uns den Weg versperren.

Diese frohe Botschaft veranlasste jene Frauen, die Apostel und Jünger zu suchen, die sich versteckt hatten, um ihnen zu sagen: »Dieses zerstörte, im Tode zerbrochene Leben selbst sei wieder erwacht – freilich in einem neuen, verwandelten Zustande.«[1] Das ist unsere Hoffnung, die Hoffnung, die uns nicht genommen, zum Schweigen gebracht oder beschmutzt werden kann.

All das Leben des Dienstes und der Liebe, das ihr in dieser Zeit gegeben habt, wird zurückkehren und von neuem pulsieren. Es genügt, einen kleinen Spalt zu öffnen, damit sich die Salbung, die der Herr uns geben will, mit unaufhaltsamer Kraft ausbreiten und uns ermöglichen kann, die schmerzliche Realität mit einem erneuerten Blick zu betrachten.

Und wie die Frauen aus dem Evangelium sind auch wir immer wieder eingeladen, uns von dieser Botschaft verwandeln zu lassen: Der Herr kann mit seiner Neuheit unser Leben und das unserer Gemeinschaft immer wieder erneuern.[2] Auf dieser verödeten Erde sorgt der Herr dafür, die Schönheit zu erneuern und Hoffnung ins Leben zu bringen: »Siehe, nun mache ich etwas Neues: Schon sprießt es, merkt ihr es nicht? « (*Jes* 43,19). Gott lässt sein Volk nie im Stich, er ist immer an seiner Seite, besonders dann, wenn der Schmerz übermächtig wird.

Wenn wir in all dieser Zeit etwas gelernt haben, dann, dass niemand sich allein rettet. Grenzen fallen, Mauern stürzen ein und fundamentalistische Diskurse lösen sich auf angesichts einer fast unmerklichen Präsenz, die jene Zerbrechlichkeit offenbart, aus der wir gemacht sind. Ostern ruft uns zusammen und lädt uns ein, uns an diese andere Gegenwart zu erinnern, diskret und respektvoll, großzügig und versöhnend, fähig, das zerbrochene Schilfrohr nicht zu knicken und den schwach brennenden Docht nicht zu löschen (vgl. *Jes* 42,2-3), um das neue Leben, das er uns allen schenken will, zum Pulsieren zu bringen. Es ist der Hauch des Geistes, der Horizonte öffnet, Kreativität weckt und uns in Geschwisterlichkeit erneuert, um angesichts der enormen und dringenden Aufgabe, die uns erwartet, A*nwesend!* (oder: *Hier bin ich!*) zu sagen. Es ist dringend notwendig, den Puls des Geistes zu erkennen und zu finden, um gemeinsam mit anderen Menschen einen Impuls für eine Dynamik zu geben, die das neue Leben bezeugen und in die Wege leiten kann, das der Herr in diesem konkreten Moment der Geschichte hervorbringen möchte. Dies ist die günstige Zeit des Herrn, der uns aufruft, uns nicht anzupassen oder allzu genügsam zu sein, und noch weniger, uns mit substituierender oder palliativer Logik zu rechtfertigen, die uns daran hindert, die Auswirkungen und die schwerwiegenden Folgen dessen, was wir erleben, zu ertragen. Es ist die geeignete Zeit, um den Mut für eine neue Vorstellung von dem, was möglich ist, zu finden, mit dem Realismus, den uns nur das Evangelium bieten kann. Der Geist, der sich nicht von festen oder vergänglichen Schemata, Methoden und Strukturen einsperren oder instrumentalisieren lässt, schlägt vor, dass wir uns seiner Bewegung anschließen, die »alles neu zu machen« vermag (*Offb* 21,5). In dieser Zeit haben wir erkannt, wie wichtig es ist, »die gesamte Menschheitsfamilie in der Suche nach einer nachhaltigen und ganzheitlichen Entwicklung zu vereinen.«[3] Keine Handlung ist eine isolierte Aktion, im Guten wie im Schlechten. Sie hat Folgen für andere, denn in unserem gemeinsamen Haus ist alles miteinander verbunden; und wenn es die Gesundheitsbehörden sind, die anordnen, dass wir zu Hause bleiben sollen, sind es die Menschen, die dies möglich machen, im Bewusstsein ihrer Mitverantwortung, die Pandemie einzudämmen. »Eine Notlage wie Covid-19 wird in erster Linie mit den Antikörpern der Solidarität besiegt.«[4] Eine Lektion, die den Fatalismus durchbrechen wird, in den wir eingetaucht waren, und die uns erlaubt, uns wieder als Schöpfer und

Protagonisten einer gemeinsamen Geschichte zu fühlen und so gemeinsam auf die vielen Übel zu reagieren, die Millionen von Menschen auf der ganzen Welt heimsuchen. Wir können es uns nicht erlauben, die gegenwärtige und zukünftige Geschichte zu schreiben, indem wir dem Leiden so vieler Menschen den Rücken kehren. Es ist der Herr, der uns erneut fragen wird: »Wo ist dein Bruder?« (*Gen* 4,9). Und in unserer Fähigkeit zu antworten, möge sich die Seele unserer Völker offenbaren, jenes Reservoir der Hoffnung, des Glaubens und der Nächstenliebe, aus dem wir entstanden sind und das wir so lange betäubt und zum Schweigen gebracht haben.

Wenn wir also wie ein einziges Volk handeln, auch im Angesicht der weiteren Epidemien, die uns bedrohen, können wir wirklich etwas bewirken. Werden wir in der Lage sein, angesichts des Hungers, unter dem so viele leiden, verantwortungsvoll zu handeln, weil wir wissen, dass es Nahrung für alle gibt? Werden wir angesichts der Kriege, die von Herrschafts- und Machtgelüsten angeheizt werden, weiterhin mit komplizenhaftem Schweigen wegschauen? Werden wir bereit sein und den Mut finden, den Lebensstil, der so viele in Armut stürzt, zu ändern, indem wir ein anspruchsloseres und humaneres Leben fördern, das eine gerechte Verteilung der Ressourcen ermöglicht? Werden wir als internationale Gemeinschaft die notwendigen Maßnahmen ergreifen, um die Zerstörung der Umwelt aufzuhalten, oder werden wir weiterhin die Augen vor dieser Tatsache verschließen? Die Globalisierung der Gleichgültigkeit wird uns weiterhin bedrohen und in Versuchung führen ... möge sie uns mit den notwendigen Antikörpern der Gerechtigkeit, der Nächstenliebe und der Solidarität vorfinden. Wir dürfen keine Angst haben, jenen Gegenentwurf der Zivilisation der Liebe zu leben, die »eine Zivilisation der Hoffnung ist: gegen Angst und Furcht, Traurigkeit und Entmutigung, Passivität und Müdigkeit. Die Zivilisation der Liebe wird täglich und ununterbrochen aufgebaut. Sie setzt ein engagiertes Bemühen aller voraus. Dazu setzt sie eine engagierte Gemeinschaft von Brüdern voraus.«[5]

In dieser Zeit der Trübsal und der Trauer wünsche ich, dass du dort, wo immer du bist, Jesus erleben kannst, der dir entgegenkommt, dich grüßt und sagt: „Freut euch" (vgl. *Mt* 28,9). Und möge dieser Gruß uns dazu bewegen, die frohe Botschaft vom Reich Gottes anzurufen und zu verbreiten.

[1] Romano Guardini, *Der Herr. Über Leben und Person Jesu Christi*, Herder, Freiburg – Basel – Wien 1980[6], 479.

[2] Vgl. Apostolisches Schreiben *Evangelii gaudium*, 11.

[3] Enzyklika *Laudato si'*, 13.

[4] Päpstliche Akademie für das Leben, *Pandemia e fraternità universale, Nota sulla emergenza da Covid-19*, 30. März 2020, 4.

[5] Eduardo Pironio, *Diálogo con laicos*, Patria Grande, Buenos Aires 1986.

Heilige Messe | 2. Sonntag nach Ostern

Homilie

Kirche Santo Spirito in Sassia
19. April 2020*

Am vergangenen Sonntag haben wir die Auferstehung des Meisters gefeiert.

Heute erleben wir die Auferstehung des Jüngers. Eine Woche ist vergangen, eine Woche, die die Jünger, obwohl sie den Auferstandenen gesehen hatten, in Furcht und hinter »verschlossenen Türen« (*Joh* 20,26) verbrachten, und es nicht einmal schafften, den einzigen Abwesenden, Thomas, von der Auferstehung zu überzeugen. Was tut Jesus angesichts dieser ängstlichen Ungläubigkeit? Er kehrt zurück, begibt sich in dieselbe Position, »in die Mitte« der Jünger, und wiederholt denselben Gruß: »Friede sei mit euch!« (*Joh* 20,19.26). Er fängt wieder von vorne an. Die Auferstehung des Jüngers nimmt hier ihren Ursprung, in dieser *treuen und geduldigen Barmherzigkeit*, in der Entdeckung, dass Gott nicht müde wird, seine Hand nach uns auszustrecken, um uns nach unseren Niederlagen wiederaufzurichten. Er möchte, dass wir ihn so sehen: nicht als einen Gutsherrn, mit dem wir abrechnen müssen, sondern als unseren Vater, der uns immer wieder aufrichtet. Im Leben gehen wir tastend weiter, wie ein Kind, das anfängt zu laufen, dann aber fällt; ein paar Schritte und es fällt wieder; es fällt und fällt wieder, und jedes Mal hebt sein Vater es auf. Die Hand, die uns immer wieder aufrichtet, ist die Barmherzigkeit: Gott weiß, dass wir ohne die Barmherzigkeit auf dem Boden liegen bleiben, dass wir wieder auf die Beine gestellt werden müssen, damit wir gehen können.

Nun könntest du einwenden: „Aber ich werde auch in Zukunft immer wieder hinfallen!" Der Herr weiß das und ist immer bereit, dich aufzurichten. Er will nicht, dass wir ständig über unsere Niederlagen nachdenken, sondern dass wir auf ihn schauen, auf ihn, der in uns Gefallenen Kinder sieht, denen er wieder aufhelfen will, und in allem Elend sieht er Kinder, die er in seiner Barmherzigkeit liebt. In dieser Kirche, die zum Heiligtum der Göttlichen Barmherzigkeit in Rom geworden ist, und heute, an diesem Sonntag, den Johannes Paul II. vor zwanzig Jahren der Göttlichen Barmherzigkeit widmete, nehmen wir diese Botschaft vertrauensvoll an. Jesus sagte zur heiligen Faustina: »Ich bin lauter Liebe und Barmherzigkeit. Es gibt kein Elend, das sich mit meiner Barmherzigkeit messen könnte« (*Tagebuch*, 14. September 1937). Einmal sagte die Heilige mit Genugtuung zu Jesus, dass sie ihm ihr ganzes Leben übergeben habe, alles, was sie besaß. Doch die Antwort Jesu brachte sie

* http://www.vatican.va/content/francesco/de/homilies/2020/documents/papa-francesco_20200419_omelia-divinamisericordia.html

aus dem Konzept: »Du hast mir nicht geschenkt, was tatsächlich dein ist.« Was hatte die heilige Ordensfrau für sich zurückbehalten? Jesus sagte gütig zu ihr: »Tochter, schenke mir dein Elend« (10. Oktober 1937). Auch wir können uns fragen: „Habe ich mein Elend dem Herrn übergeben? Habe ich ihm meine Niederlagen gezeigt, damit er mich aufrichtet?" Oder gibt es etwas, das ich immer noch in mir trage? Eine Sünde, Gewissensbisse im Blick auf die Vergangenheit, eine Wunde, die ich in mir trage, ein Groll gegen jemanden, eine Meinung über eine bestimmte Person ... Der Herr wartet darauf, dass wir ihm unser Elend bringen, damit er uns seine Barmherzigkeit zeigen kann. Doch zurück zu den Jüngern. Sie hatten den Herrn während seines Leidensweges im Stich gelassen, und nun fühlten sie sich schuldig. Aber als Jesus ihnen begegnet, hält ihnen keine langen Predigten. Denen, die innerlich verwundet waren, zeigt er seine Wunden. Thomas darf sie berühren, und er entdeckt, mit welcher Liebe Jesus für ihn gelitten hatte, für ihn, der ihn verlassen hatte. In diesen Wunden ist die liebevolle Nähe Gottes mit Händen zu greifen. Thomas, der zu spät gekommen war, überholte nun, da er diese Erfahrung der Barmherzigkeit machte, die anderen Jünger: Er glaubt nicht nur an die Auferstehung, sondern an die grenzenlose Liebe Gottes. Und er legt ein ganz einfaches, aber sehr schönes Glaubensbekenntnis ab: »Mein Herr und mein Gott!« (V. 28). Dies ist die Auferstehung des Jüngers, die sich ereignet, als sein zerbrechliches und verwundetes Menschsein in das Menschsein Jesu hineingenommen wird. Dort lösen sich die Zweifel auf, dort wird Gott zu „meinem Gott", dort beginnt man wieder, sich selbst anzunehmen und das eigene Leben zu lieben.

Liebe Brüder und Schwestern, in der Prüfung, die wir gerade durchmachen, erleben auch wir, mit unseren Ängsten und Zweifeln, wie Thomas, unsere Zerbrechlichkeit. Wir brauchen den Herrn, der in uns, jenseits unserer Schwäche, eine unbändige Schönheit erkennt. Mit ihm entdecken wir, dass wir bei all unserer Schwäche wertvoll sind. Wir entdecken, dass wir wie wunderschöne Kristalle sind, zerbrechlich und kostbar zugleich.

---

19. Dezember 2019

Rettungsweste und Kreuz erinnern uns daran, Augen und Herz offen zu halten

https://www.vaticannews.va/de/papst/news/2019-12/franziskus-migranten-lesbos-libyen-rettungsweste-kruzifix.html

»Wir haben uns daran erinnert, dass keiner sich allein retten kann, dass man nur Hilfe erfährt, wo andere zugegen sind. Daher sagte ich: »Der Sturm legt unsere Verwundbarkeit bloß und deckt jene falschen und unnötigen Gewissheiten auf, auf die wir bei unseren Plänen, Projekten, Gewohnheiten und Prioritäten gebaut haben. [...] Mit dem Sturm sind auch die stereotypen Masken gefallen, mit denen wir unser „Ego" in ständiger Sorge um unser eigenes Image verkleidet haben; und es wurde wieder einmal jene segensreiche gemeinsame Zugehörigkeit offenbar, der wir uns nicht entziehen können, dass wir nämlich alle Brüder und Schwestern sind.«

(Enzyklika *Fratelli tutti*, 32)

Und wenn wir, wie der Kristall, vor ihm transparent sind, so leuchtet sein Licht, das Licht der Barmherzigkeit, in uns und durch uns in die Welt hinein. Aus diesem Grund sind wir, wie es im Petrusbrief hieß, »voll Freude, wenn es für kurze Zeit jetzt sein muss, dass [wir] durch mancherlei Prüfungen betrübt [werden]« (*1Petr* 1,6).

An diesem Fest der Göttlichen Barmherzigkeit kommt die schönste Botschaft von dem Jünger, der später eintraf. Nur er fehlte, Thomas. Aber der Herr wartete auf ihn. Die Barmherzigkeit lässt die Zurückgebliebenen nicht im Stich. Jetzt, da wir an eine langsame und mühsame Erholung von der Pandemie denken, schleicht sich genau diese Gefahr ein: dass man diejenigen vergisst, die zurückgeblieben sind. Es besteht die Gefahr, dass uns ein noch schlimmeres Virus trifft, und zwar das eines *gleichgültigen Egoismus*. Es überträgt sich ausgehend von der Idee, dass das Leben besser wird, wenn es besser wird für mich, dass alles gut ausgeht, wenn es gut ausgeht für mich. Damit fängt es an, und schließlich gelangt man dazu, Menschen auszuwählen, die Armen auszusondern und diejenigen auf dem Altar des Fortschritts zu opfern, die dahinter zurückbleiben. Diese Pandemie erinnert uns jedoch daran, dass es keine Unterschiede und keine Grenzen zwischen den Betroffenen gibt. Wir sind alle zerbrechlich, alle gleich, alle wertvoll. Das was geschieht, rüttelt uns auf. Es ist an der Zeit, die Ungleichheit zu beseitigen, die *Ungerechtigkeit zu heilen*, die die Gesundheit der gesamten Menschheit bedroht! Lernen wir von der ursprünglichen christlichen Gemeinschaft, wie sie in der Apostelgeschichte beschrieben wird. Ihr wurde Barmherzigkeit zuteil und sie lebte diese Barmherzigkeit: »Und alle, die glaubten, [...] hatten alles gemeinsam. Sie verkauften Hab und Gut und teilten davon allen zu, jedem so viel, wie er nötig hatte« (*Apg* 2,44-45). Das ist keine Ideologie, das ist Christentum.

In dieser Gemeinschaft war nach der Auferstehung Jesu nur ein einziger zurückgeblieben, und die anderen warteten auf ihn. Heute scheint das Gegenteil der Fall zu sein: Ein kleiner Teil der Menschheit ist vorausgegangen, während die Mehrheit zurückblieb. Und jeder könnte sagen: „Das sind komplexe Probleme, es ist nicht meine Aufgabe, mich um die Bedürftigen zu kümmern, das müssen andere tun!" Die heilige Faustina schrieb nach einer Begegnung mit Jesus: »In einer leidenden Seele sollten wir den gekreuzigten Herrn sehen und nicht einen unnützen Brotesser und eine Belastung ... Du [Herr], gibst uns Gelegenheit zur Übung in Taten der Barmherzigkeit und wir üben uns im Urteilen« (*Tagebuch*, 6. September 1937). Sie selbst beklagte sich jedoch eines Tages bei Jesus, dass man, wenn man barmherzig ist, für naiv gehalten wird. Sie sagte: »Herr, sie missbrauchen oft meine Güte.« Worauf Jesus sagte: »Das macht nichts, meine Tochter, dich soll das nichts angehen, sei immer zu allen barmherzig« (24. Dezember 1937). Zu allen – denken wir nicht nur an unsere eigenen Interessen, an die Interessen einzelner Gruppen. Nehmen wir diese Prüfung zum Anlass, um für alle eine gute Zukunft vorzubereiten, ohne jemanden auszuschließen – für alle. Denn ohne eine gemeinsame Vision wird es für niemanden eine Zukunft geben.

Heute lässt die entwaffnete und entwaffnende Liebe Jesu das Herz des Jüngers wieder auferstehen. Wie der Apostel Thomas öffnen auch wir uns für die Barmherzigkeit, die die Welt rettet. Und lassen wir Barmherzigkeit walten gegenüber denen, die schwächer sind. Nur so entsteht eine neue Welt.

Videobotschaft von Papst Franziskus an die Teilnehmer der von CHARIS online organisierten Gebetsvigil

30. Mai 2020*

Als der Tag des Pfingstfestes gekommen war, waren alle Gläubigen zusammen am selben Ort. So beginnt das zweite Kapitel der *Apostelgeschichte*, das wir gerade gehört haben. Auch heute sind wir dank des technischen Fortschritts bei der Pfingstvigil vereint, Gläubige aus verschiedenen Teilen der Welt.

Der Text fährt fort: »Da kam plötzlich vom Himmel her ein Brausen, wie wenn ein heftiger Sturm daherfährt, und erfüllte das ganze Haus, in dem sie saßen. Und es erschienen ihnen Zungen wie von Feuer, die sich verteilten; auf jeden von ihnen ließ sich eine nieder. Und alle wurden vom Heiligen Geist erfüllt« (V. 2-4).

Der Heilige Geist lässt sich auf jedem Jünger nieder, auf einem jedem von uns. Der von Jesus verheißene Geist kommt, um jeden von uns zu erneuern, zu bekehren, zu heilen. Er kommt, um die Ängste – wie viele Ängste haben wir –, die Unsicherheiten zu heilen; er kommt, um unsere Wunden zu heilen, auch die Wunden, die wir uns gegenseitig zufügen; und er kommt, um uns in Jünger zu verwandeln, missionarische Jünger, mutige Zeugen, erfüllt von apostolischer Parrhesia, was notwendig ist für die Verkündigung des Evangeliums Jesu, wie es bei den Jüngern war und wir es in den anschließenden Versen lesen.

Heute brauchen wir es mehr denn je, dass der Vater uns den Heiligen Geist sendet. Im ersten Kapitel der Apostelgeschichte sagt Jesus zu seinen Jüngern: »Wartet auf die Verheißung des Vaters, die ihr von mir vernommen habt! Denn Johannes hat mit Wasser getauft, ihr aber werdet schon in wenigen Tagen mit dem Heiligen Geist getauft werden« (V. 4). Und in Vers 8 fügt er hinzu: »Ihr werdet Kraft empfangen, wenn der Heilige Geist auf euch herabkommen wird; und ihr werdet meine Zeugen sein in Jerusalem und in ganz Judäa und Samarien und bis an die Grenzen der Erde.

«Zeugnis für Jesus. Zu diesem Zeugnis führt uns der Heilige Geist. Heute leidet die Welt und ist verwundet. Wir leben in einer sehr verwundeten Welt, die leidet, besonders in den Ärmsten, die ausgeschlossen werden. Jetzt, wo all unsere Sicherheiten verschwunden sind, braucht die Welt es,

* http://www.vatican.va/content/francesco/de/events/event.dir.html/content/vaticanevents/de/2020/5/30/videomessaggio-charis.html

dass wir ihr Jesus geben. Sie braucht unser Zeugnis für das Evangelium, das Evangelium Jesu. Dieses Zeugnis können wir nur mit der Kraft des Heiligen Geistes geben.

Wir brauchen es, dass der Geist uns neue Augen schenkt, unseren Verstand und unser Herz öffnet, damit wir uns dem gegenwärtigen Augenblick und der Zukunft stellen mit der Lektion, die wir gelernt haben: Wir sind eine einzige Menschheit. Niemand rettet sich alleine. Niemand. Der heilige Paulus sagt im Galaterbrief: »Es gibt nicht mehr Juden und Griechen, nicht Sklaven und Freie, nicht männlich und weiblich; denn ihr alle seid einer in Christus Jesus« (3,28), ein einziger Leib, der durch die Kraft des Heiligen Geistes zusammengehalten wird. Durch diese Taufe des Heiligen Geistes, die Jesus verkündet. Wir wissen es, wir wissen es, aber diese Pandemie, die wir erleben, hat uns dies auf sehr viel dramatischere Weise erfahren lassen.

Wir stehen vor der Pflicht, eine neue Wirklichkeit aufzubauen. Der Herr wird es tun, wir können mitarbeiten: »Seht, ich mache alles neu« (*Offb* 21,5).

Wenn wir diese Pandemie überstanden haben werden, werden wir nicht weiter das tun können, was wir immer getan haben und wie wir es getan haben. Nein, alles wird anders sein. All dieses Leid wird nichts genützt haben, wenn wir nicht alle gemeinsam eine gerechtere, fairere, christlichere Gesellschaft aufbauen, nicht dem Namen nach, sondern tatsächlich, eine Realität, die uns zu christlichem Verhalten führt. Wenn wir nicht daran arbeiten, die Pandemie der Armut in der Welt, die Pandemie der Armut in unseren jeweiligen Ländern, in der Stadt, in der jeder von uns lebt, zu beenden, wird diese Zeit vergeblich gewesen sein.

Aus den großen Prüfungen der Menschheit, und unter diesen der Pandemie, geht man besser oder schlechter hervor. Man bleibt nicht gleich. Ich frage euch: Wie wollt ihr daraus hervorgehen? Besser oder schlechter? Und das ist der Grund, warum wir uns heute dem Heiligen Geist öffnen, damit er unser Herz verwandeln und uns helfen möge, als bessere Menschen daraus hervorzugehen. Wir werden nicht besser daraus hervorgehen, wenn wir nicht so leben, dass wir danach beurteilt werden, was Jesus uns sagt: »Denn ich war hungrig und ihr habt mir zu essen gegeben; ich war im Gefängnis und ihr seid zu mir gekommen; ich war fremd und ihr habt mich aufgenommen« (vgl. *Mt* 25,35-36).

Und das ist die Aufgabe von allen, von uns allen. Und auch eure Aufgabe von Charis, die ihr alle vereint seid als Charismatiker. Das dritte Dokument von Malines, geschrieben in den 1970er Jahren von Kardinal Suenens und von Bischof Hélder Câmara, mit dem Titel *Charismatische Erneuerung und Dienst am Menschen*, erkennt diesen Weg als einen Strom der Gnade an. Seid diesem Ruf des Heiligen Geistes treu!

Mir kommen die prophetischen Worte von Johannes XXIII. in den Sinn, mit denen er das Zweite Vatikanische Konzil angekündigt hat und die die Charismatische Erneuerung in besonderer Weise beherzigt: »Der anbetungswürdige Geist Gottes möge das heiße Flehen der gesamten Menschheit hören, das täglich aus allen Teilen der Welt zu ihm emporgetragen wird, und sich herablassen. ›Erneuere in dieser unserer Zeit durch ein neues Pfingsten deine Wunder und gewähre deiner heiligen Kirche, mit Maria, der Mutter Jesu, einmütig im Gebete zu verharren und unter der Führung des heiligen Petrus das Reich des göttlichen Heilandes auszubreiten, das Reich der Wahrheit und Gerechtigkeit, das Reich der Liebe und des Friedens.‹«

Euch allen wünsche ich in dieser Gebetsvigil den Trost des Heiligen Geistes. Und die Kraft des Heiligen Geistes, um die Pandemie, diesen Moment des Schmerzes, der Traurigkeit und der Prüfung, zu überstehen, um besser daraus hervorzugehen.

Der Herr segne euch und die Jungfrau Maria behüte euch.

Brief an die Priester der Diözese Rom

Hochfest Pfingsten

31. Mai 2020*

Liebe Brüder!

Ich hatte vor, in dieser Osterzeit mit euch zusammenzutreffen und gemeinsam die Chrisam-Messe zu feiern. Da aber eine Feier auf Diözesanebene nicht möglich ist, schreibe ich euch diesen Brief. Die neue Phase, die wir beginnen, erfordert von uns Klugheit, Weitblick und einen gemeinsamen Einsatz, damit all die bisherigen Anstrengungen und Opfer nicht umsonst waren.

In dieser Zeit der Pandemie haben viele von euch über Email oder Telefon mit mir darüber gesprochen, was diese unvorhergesehene und beunruhigende Situation bedeutete. Obwohl es nicht möglich war, hinauszugehen oder direkten Kontakt zu haben, habt ihr mir so ermöglicht, »aus erster Hand« zu erfahren, was ihr erlebt. Dieser Austausch hat mein Gebet genährt, in vielen Fällen, um für das mutige und großherzige Zeugnis zu danken, das ich von euch empfangen habe; in anderen Fällen waren es Bitte und Fürsprache im Vertrauen auf den Herrn, der immer seine Hand ausstreckt (vgl. *Mt* 14,31). Obwohl es notwendig war, die soziale Distanzierung einzuhalten, hat dies nicht verhindert, dass sich das Gefühl der Zusammengehörigkeit, der Gemeinschaft und der Mission verstärkte, was uns geholfen hat, dafür zu sorgen, dass die Liebe, vor allem gegenüber den am meisten benachteiligten Menschen und Gemeinschaften, nicht unter Quarantäne gestellt wurde. In diesen aufrichtigen Gesprächen konnte ich feststellen, dass die notwendige Distanz nicht gleichbedeutend war mit Rückzug auf sich selbst oder Abkapselung, die die Mission betäubt, einschläfert und auslöscht.

Ermutigt von diesem Austausch schreibe ich euch, weil ich euch näher sein möchte, um euren Weg zu begleiten, zu teilen und zu stärken. Die Hoffnung hängt auch von uns ab und erfordert, dass wir einander helfen, damit sie lebendig und aktiv bleibt, jene ansteckende Hoffnung, die in der Begegnung mit den anderen gepflegt und gestärkt wird und die uns als Geschenk und Aufgabe gegeben ist, um die neue »Normalität« aufzubauen, nach der wir uns so sehr sehnen.

Ich schreibe euch mit dem Blick auf die erste Gemeinschaft der Apostel, die ebenfalls Momente des Eingeschlossenseins, der Isolierung, der Angst und Unsicherheit durchgemacht hat. Fünfzig Tage vergingen zwischen Unbeweglichkeit und Abkapselung und der beginnenden Verkündigung, die ihr Leben für immer verändern sollte. Während die Türen des Ortes, wo sie sich befanden, aus Angst verschlossen waren, wurden die Jünger von Jesus überrascht, der »in ihre Mitte trat und zu ihnen sagte:

* http://www.vatican.va/content/francesco/de/letters/2020/documents/papa-francesco_20200531_lettera-sacerdoti.html

Friede sei mit euch! Nach diesen Worten zeigte er ihnen seine Hände und seine Seite. Da freuten sich die Jünger, als sie den Herrn sahen. Jesus sagte noch einmal zu ihnen: Friede sei mit euch! Wie mich der Vater gesandt hat, so sende ich euch. Nachdem er das gesagt hatte, hauchte er sie an und sagte zu ihnen: Empfangt den Heiligen Geist!« (*Joh* 20,19-22). Lassen auch wir uns überraschen!

»Als die Jünger aus Furcht vor den Juden bei verschlossenen Türen beisammen waren« (*Joh* 20,19).

Heute wie gestern spüren wir: »Freude und Hoffnung, Trauer und Angst der Menschen von heute, besonders der Armen und Bedrängten aller Art, sind auch Freude und Hoffnung, Trauer und Angst der Jünger Christi. Und es gibt nichts wahrhaft Menschliches, das nicht in ihren Herzen seinen Widerhall fände«.[1] Wie gut kennen wir dies alles! Alle haben wir die Zahlen und Quoten gehört, die uns tagtäglich bedrängten. Wir haben den Schmerz der Menschen mit Händen greifen können. Was uns erreichte, waren keine weit entfernten Daten: Die Statistiken trugen Namen, Gesichter, gemeinsam erlebte Begebenheiten. Als priesterliche Gemeinschaft waren wir dieser Wirklichkeit nicht fremd und haben sie nicht vom Fenster aus beobachtet. Vom Sturm, der wütete, durchnässt, wart ihr erfinderisch, um bei euren Gemeinden zu sein und sie zu begleiten: Ihr habt den Wolf kommen sehen und seid weder geflohen noch habt ihr die Herde im Stich gelassen (vgl. *Joh* 10,12-13).

Wir haben den plötzlichen Verlust von Familienangehörigen, Nachbarn, Freunden, Gemeindemitgliedern, Beichtvätern, Orientierungspunkten unseres Glaubens, erlitten. Wir haben die untröstlichen Gesichter derjenigen gesehen, die ihren Angehörigen in den letzten Stunden nicht nahe sein durften und sich nicht von ihnen verabschieden konnten. Wir haben das Leid und die Ohnmacht des Krankenhauspersonals gesehen, Ärzte und Pflegekräfte, die sich in nicht enden wollenden Arbeitstagen aufrieben, um die zahllosen Hilferufe zu beantworten. Alle haben wir die Unsicherheit und Angst der Erwerbstätigen und freiwilligen Helfer gespürt, die sich Tag für Tag dem Risiko aussetzten, um die Grundversorgung zu sichern, und auch um sich derjenigen anzunehmen, die aufgrund ihrer Ausgrenzung und Schutzlosigkeit stärker unter den Folgen dieser Pandemie zu leiden hatten, und sie zu begleiten. Wir haben die Schwierigkeiten und Nöte der sozialen Einschränkungen gesehen und von ihnen gehört: Einsamkeit und Isolierung vor allem der alten Menschen; Sorge, Angst und das Gefühl der Schutzlosigkeit gegenüber der Unsicherheit in Bezug auf Arbeit und Wohnung; Gewalt und Zermürbung in den Beziehungen. Die uralte Angst vor der Ansteckung hat wieder zugeschlagen. Wir haben auch die beklemmenden Sorgen ganzer Familien geteilt, die nicht wissen, was in der nächsten Woche auf den Tisch kommen soll.

Wir haben unsere eigene Verwundbarkeit und Ohnmacht erlebt. Wie der Brennofen die Gefäße des Töpfers prüft, so sind wir auf die Probe gestellt worden (vgl. *Sir* 27,5). Verwirrt von allem, was geschah, haben wir verstärkt die Unsicherheit unseres Lebens und des apostolischen Einsatzes gespürt. Die Unvorhersehbarkeit der Situation hat unsere Unfähigkeit ans Licht gebracht, mit Unbekanntem zu leben und uns damit auseinanderzusetzen, mit dem, was wir nicht beherrschen oder kontrollieren können, und wie alle anderen haben wir uns verwirrt, verängstigt, schutzlos gefühlt. Wir erleben auch jene gesunde und notwendige Wut, die uns drängt, angesichts der Ungerechtigkeiten nicht mutlos die Hände sinken zu lassen, und die uns daran erinnert, dass wir für das Leben erträumt wurden. Wie Nikodemus bei Nacht überrascht, weil »der Wind weht, wo er will; du hörst sein Brausen, weißt aber nicht, woher er kommt und wohin er geht«, haben wir uns gefragt: »Wie kann das geschehen?« Und Jesus hat uns geantwortet: »Du bist der Lehrer Israels und verstehst das nicht?« (vgl. *Joh* 3,8-10).

Die Komplexität dessen, was zu bewältigen war, erlaubte keine fertigen Rezepte oder Antworten aus dem Handbuch. Es erforderte weit mehr als oberflächliche Ermahnungen oder erbauliche Reden, die nicht in der Lage sind, all das, was das konkrete Leben von uns verlangte, gewissenhaft aufzunehmen und darin verwurzelt zu sein. Das Leid unserer Gläubigen tat uns weh, ihre Unsicherheiten machten uns betroffen, unsere geteilte Schwäche nahm uns jegliche falsche idealistische oder spiritualistische Selbstgefälligkeit wie auch jede Möglichkeit einer puritanischen Flucht. Niemand steht außerhalb von dem, was geschieht. Wir können sagen, dass wir gemeinsam die Stunde des weinenden Herrn erlebt haben: Wir haben vor dem Grab des Freundes Lazarus geweint (vgl. *Joh* 11,35), vor der Verschlossenheit seines Volkes (vgl. *Lk* 13,14; 19,41), in der dunklen Nacht von Getsemani (vgl. *Mk* 14,32-42; *Lk* 22,44). Es ist auch die Stunde des weinenden Jüngers vor dem Geheimnis des Kreuzes und des Bösen, das so viele Unschuldige trifft. Es ist das bittere Weinen des Petrus nach der Verleugnung (vgl. *Lk* 22,62), das Weinen der Maria Magdalena vor dem Grab (vgl. *Joh* 20,11).

Wir wissen, dass es unter solchen Umständen nicht leicht ist, den richtigen Weg zu finden, und es wird auch nicht an Stimmen fehlen, die all das aufzählen werden, was man angesichts dieser unbekannten Wirklichkeit hätte tun können. Unsere gewöhnliche Art und Weise, Beziehungen zu pflegen, zu organisieren, Liturgie zu feiern, zu beten, einzuladen und sogar Konflikte zu bewältigen, sind von einer unsichtbaren Präsenz verändert und in Frage gestellt worden, die unseren Alltag in Widrigkeiten verwandelt hat. Es handelt sich weder bloß um eine individuelle oder familiäre Angelegenheit noch um die einer bestimmten gesellschaftlichen Gruppe oder eines Landes. Die Merkmale des Virus bringen die Logik zum Verschwinden, nach der wir gewöhnlich die Realität aufgeteilt oder klassifiziert haben. Die Pandemie kennt keine Adjektive, Grenzen und niemand darf meinen, allein zurechtzukommen. Wir sind alle betroffen und beteiligt.

Das Narrativ einer Gesellschaft der Vorsorge, einer unerschütterlichen und stets zu unbegrenztem Konsum bereiten Gesellschaft ist in Frage gestellt worden und hat das Fehlen einer kulturellen und spirituellen Immunität gegenüber Konflikten offenbart. Eine Reihe alter und neuer Fragen und Probleme (die in vielen Gegenden der Welt als veraltet und überwunden betrachtet wurden) haben den Horizont und die Aufmerksamkeit besetzt. Fragen, die durch die bloße Wiedereröffnung der verschiedenen Aktivitäten keine Antwort finden werden. Vielmehr wird es unerlässlich sein, ein Zuhören zu entwickeln, das aufmerksam, aber voller Hoffnung, gelassen, aber hartnäckig, konstant, aber nicht ängstlich ist, und das die Wege bahnen und bereiten kann, die der Herr uns zu gehen aufruft (vgl. *Mk* 1,2-3). Wir wissen, dass man aus Leid und schmerzhaften Erfahrungen nicht unverändert hervorgeht. Wir müssen wachsam und aufmerksam sein. Der Herr selbst hat in seiner entscheidenden Stunde dafür gebetet: »Ich bitte nicht, dass du sie aus der Welt nimmst, sondern dass du sie vor dem Bösen bewahrst« (*Joh* 17,15). Persönlich und gemeinschaftlich gefährdet und getroffen in unserer Verwundbarkeit und Schwäche sowie in unseren Grenzen, ist die Gefahr groß, dass wir uns zurückziehen und weiter über die Trostlosigkeit nachgrübeln, die die Pandemie uns vor Augen stellt, oder dass wir uns auf einen grenzenlosen Optimismus versteifen, der unfähig ist, die reale Dimension der Ereignisse zu akzeptieren.[2]

Die Stunden der Prüfung rufen unsere Unterscheidungsgabe auf den Plan, um zu entdecken, welche Versuchungen uns in einer Atmosphäre der Bestürzung und Verwirrung gefangen zu halten drohen, um dann in die schlechte Angewohnheit einer Vorgehensweise zu verfallen, die unsere Gemeinschaften daran hindern wird, das neue Leben zu fördern, das der auferstandenen Herr uns schenken will. Es gibt verschiedene Versuchungen, die charakteristisch sind für diese Zeit und die uns blind machen können, indem wir bestimmte Empfindungen und Haltungen pflegen, die es der Hoffnung nicht erlauben, unsere Kreativität, unsere Phantasie und unsere Fähigkeit zu einer Antwort zu stimulieren. Das reicht von der Tatsache, ehrlich die gravierende Situation annehmen zu wollen, allerdings mit dem Versuch, sie lediglich mit Ersatzaktivitäten oder Notbehelfen zu lösen, während man wartet, dass alles zur »Normalität« zurückkehrt, und die tiefen Wunden und die Zahl der in der Zwischenzeit Verstorbenen ignoriert. Bis hin zum Eingetaucht-Bleiben in eine gewisse lähmende Nostalgie nach der jüngsten Vergangenheit, die uns sagen lässt, dass »nichts sein wird wie zuvor«, und die uns unfähig macht, die anderen zum Träumen aufzufordern, zum Entwerfen neuer Wege und neuer Lebensstile.

»Jesus trat in ihre Mitte und sagte zu ihnen: Friede sei mit euch! Nach diesen Worten zeigte er ihnen seine Hände und seine Seite. Da freuten sich die Jünger, als sie den Herrn sahen. Jesus sagte noch einmal zu ihnen: Friede sei mit euch!« (*Joh* 20,19-21).

Der Herr hat keine ideale Situation gewählt oder gesucht, um sich im Leben seiner Jünger Bahn zu brechen. Sicher hätten wir es vorgezogen, wenn all das, was passiert ist, nicht geschehen wäre. Aber es ist passiert. Und wie die Emmausjünger können auch wir weiter traurig auf dem Weg murren (vgl. *Lk* 24,13-21). Als der Herr bei verschlossenen Türen in das Obergemach trat, mitten in Isolierung, Angst und Unsicherheit, in der sie lebten, war er in der Lage, jede Logik zu verwandeln und der Geschichte und den Ereignissen eine neue Bedeutung zu verleihen. Jede Zeit ist geeignet, Frieden zu verkünden, keine Situation ist seiner Gnade beraubt. Seine Gegenwart inmitten des Eingeschlossen-Seins und der erzwungenen Abwesenheit kündet für die Jünger von damals wie für uns heute einen neuen Tag an, der Bewegungslosigkeit und Resignation in Frage zu stellen und im Dienst an der Gemeinschaft alle Gaben zu mobilisieren vermag. Durch seine Gegenwart ist das Eingeschlossen-Sein fruchtbar geworden und hat der neuen Gemeinschaft der Apostel Leben geschenkt.

Sagen wir es mit Vertrauen und ohne Angst: »Wo jedoch die Sünde mächtig wurde, da ist die Gnade übergroß geworden« (*Röm* 5,20). Haben wir keine Angst vor den komplexen Szenarien, die wir bewohnen, weil der Herr dort mitten unter uns ist! Gott hat immer das Wunder vollbracht, gute Früchte hervorzubringen (vgl. *Joh* 15,5). Die christliche Freude entspringt genau dieser Gewissheit. Mitten in den Widersprüchen und dem Unbegreiflichen, dem wir uns jeden Tag stellen müssen, überflutet und sogar betäubt von so vielen Worten und Zusammenhängen, verbirgt sich die Stimme des Auferstandenen, der zu uns sagt: »Friede sei mit euch!«

Es ist tröstlich, das Evangelium zur Hand zu nehmen und Jesus zu betrachten, wie er mitten unter seinem Volk ist, während er das Leben und die Menschen, so wie sie sind, annimmt und umarmt. Seine Gesten verkörpern den schönen Lobgesang Marias: »Er vollbringt mit seinem Arm machtvolle Taten: Er zerstreut, die im Herzen voll Hochmut sind; er stürzt die Mächtigen vom Thron und erhöht die Niedrigen« (*Lk* 1,51-52). Er selbst hat seine Hände und seine verwundete Seite als Weg zur Auferstehung angeboten. Weder verbirgt noch verhüllt er seine Wunden, ja vielmehr lädt er Thomas ein, mit Händen zu greifen, dass eine Seitenwunde Quelle des Lebens in Fülle sein kann (vgl. *Joh* 20,27-29).

Wiederholt durfte ich als geistlicher Begleiter Zeuge folgender Tatsache sein: »Der Mensch, der die Dinge sieht, wie sie wirklich sind, der sich vom Schmerz durchdringen lässt und in seinem Herzen weint, ist fähig, die

Tiefen des Lebens zu berühren und wahrhaft glücklich zu sein. Dieser Mensch wird getröstet, aber mit dem Trost Jesu und nicht mit dem der Welt. So kann er sich trauen, fremdes Leid zu teilen, und hört auf, vor den schmerzvollen Situationen zu fliehen. Auf diese Weise findet er, dass das Leben Sinn hat, wenn man dem anderen in seinem Schmerz beisteht, wenn man die fremde Angst versteht, wenn man den anderen Erleichterung verschafft. Dieser Mensch spürt, dass der andere Fleisch von seinem Fleisch ist; er fürchtet sich nicht davor, sich zu nähern und sogar seine Wunde zu berühren; er hat solches Mitleid, das ihn erfahren lässt, dass alle Distanz verschwindet. So kann man die Ermahnung des heiligen Paulus annehmen: ›Weint mit den Weinenden!‹ (*Röm* 12,15). Mit den anderen zu trauern wissen, das ist Heiligkeit«.[3]

»Wie mich der Vater gesandt hat, so sende ich euch. Nachdem er das gesagt hatte, hauchte er sie an und sagte zu ihnen: Empfangt den Heiligen Geist!« (*Joh* 20,21-22).

Liebe Brüder, als Presbyterium sind wir aufgerufen, die Zukunft zu verkünden und zu prophezeien, wie der Wächter, der das Morgenrot ankündet, das einen neuen Tag bringt (vgl. *Jes* 21,11): Entweder wird es etwas Neues sein oder es wird mehr, sehr viel mehr und schlimmer sein als gewöhnlich. Die Auferstehung ist nicht nur ein historisches Ereignis der Vergangenheit, an das man sich erinnert und das man feiert. Sie ist mehr, sehr viel mehr: Sie ist die Ankündigung des Heils einer neuen Zeit, die bereits heute erklingt und sich Bahn bricht: »Schon sprießt es, merkt ihr es nicht?« (*Jes* 43,19). Es ist das »An-Kommende«, zu dessen Aufbau der Herr uns aufruft. Der Glaube befähigt uns zu einer realistischen und kreativen Vorstellungskraft, die in der Lage ist, die Logik der Wiederholung, des Ersatzes oder der Bewahrung beiseite zu lassen, und die uns einlädt, eine immer neue Zeit zu beginnen: die Zeit des Herrn. Wenn uns eine unsichtbare, lautlose, expansive und virale Präsenz in eine Krise gestürzt und erschüttert hat, dann wollen wir zulassen, dass uns diese andere diskrete, respektvolle und nicht invasive Gegenwart erneut ruft und uns lehrt, keine Angst zu haben, uns der Wirklichkeit zu stellen. Wenn eine nicht fassbare Präsenz in der Lage war, die Prioritäten und eine scheinbar unverrückbare globale Agenda – die unsere Gemeinschaften und unsere Schwester Erde so sehr ersticken und verheeren – durcheinanderzubringen und auf den Kopf zu stellen, dann wollen wir keine Angst haben, dass die Gegenwart des Auferstandenen uns den Weg bahnt, neue Horizonte eröffnet und uns den Mut gibt, diesen historischen und einzigartigen Augenblick zu leben. Eine Handvoll furchtsamer Männer war in der Lage, eine neue Bewegung ins Leben zu rufen: die Verkündigung des lebendigen Gottes-mit-uns. Habt keine Angst! »Die Kraft des Zeugnisses der Heiligen liegt darin, die Seligpreisungen und den Maßstab des Jüngsten Gerichts zu leben«.[4]

Lassen wir uns neu vom Auferstandenen überraschen. Von seiner Seitenwunde her, Zeichen dafür, wie hart und ungerecht die Realität wird, möge er es sein, der uns drängt, der harten, schwierigen Realität unserer Brüder und Schwestern nicht den Rücken zu kehren. Er möge es sein, der uns lehrt, die Wunden unseres Volkes zu begleiten, zu heilen und zu verbinden, nicht ängstlich, sondern mutig und mit der wunderbaren Überfülle der Brotvermehrung aus dem Evangelium (vgl. *Mt* 14,15-21); mit dem Mut, der Fürsorge und der Verantwortung des Samariters (vgl. *Lk* 10,33-35); mit der Freude und dem Fest des Hirten für sein wiedergefundenes Schaf (vgl. *Lk* 15,4-6); mit der versöhnenden Umarmung des Vaters, der die Vergebung kennt (vgl. *Lk* 15,20); mit dem Mitleid, der Sanftmut und der Zärtlichkeit der Maria von Bethanien (vgl. *Joh* 12,1-3); mit der Sanftmut, Geduld und Klugheit der missionarischen Jünger des Herrn (vgl. *Mt* 10,16-23). Mögen die verwundeten Hände des Auferstandenen unsere Traurigkeiten trösten, unsere Hoffnung neu wecken und uns drängen, jenseits unserer üblichen Zufluchtsorte das

Reich Gottes zu suchen. Lassen wir uns auch überraschen von unserem gläubigen und einfachen Volk, dem so oft geprüften und aufgeriebenen, aber auch von der Barmherzigkeit des Herrn besuchten Volk. Möge dieses Volk uns lehren, unser Hirtenherz mit Sanftmut und Mitleid zu formen und zu stärken, mit Demut und mit der Großherzigkeit der aktiven, solidarischen, geduldigen und mutigen Widerstandsfähigkeit, die nicht gleichgültig bleibt, sondern jede Art von Skeptizismus und Fatalismus Lügen straft und entlarvt. Wie viel gibt es da zu lernen von der Kraft des gläubigen Gottesvolks, das immer einen Weg findet, um dem, der gefallen ist, zu helfen und ihn zu begleiten! Die Auferstehung ist die Verkündigung, dass sich die Dinge ändern können. Lassen wir es zu, dass das Osterfest, das keine Grenzen kennt, uns auf kreative Weise zu den Orten führt, wo die Hoffnung und das Leben zu kämpfen haben, wo Leid und Schmerz zu einem Korruption und Spekulation begünstigenden Raum werden, wo Aggressivität und Gewalt der letzte Ausweg zu sein scheinen.

Als Priester, Söhne und Glieder eines priesterlichen Volkes kommt es uns zu, die Verantwortung für die Zukunft zu übernehmen und sie als Brüder zu entwerfen. Legen wir unsere Verwundbarkeit, die Verwundbarkeit unseres Volkes und der ganzen Menschheit als heilige Opfergabe in die verwundeten Hände des Herrn. Der Herr ist derjenige, der uns verwandelt, der sich unser bedient wie des Brotes, der unser Leben in seine Hände nimmt, uns segnet, uns bricht, uns austeilt und seinem Volk gibt. Lassen wir uns in aller Demut von den Worten des heiligen Paulus salben, damit sie sich wie wohlriechendes Öl in den unterschiedlichen Winkeln unserer Stadt verbreiten und so die verborgene Hoffnung wecken, die viele stillschweigend in ihrem Herzen tragen: »Von allen Seiten werden wir in die Enge getrieben und finden doch noch Raum; wir wissen weder aus noch ein und verzweifeln dennoch nicht; wir werden gehetzt und sind doch nicht verlassen; wir werden niedergestreckt und doch nicht vernichtet. Immer tragen wir das Todesleiden Jesu an unserem Leib, damit auch das Leben Jesu an unserem Leib sichtbar wird« (2*Kor* 4,8-10). Nehmen wir mit Jesus an seiner Passion teil, unsere Passion, um mit ihm auch die Kraft der Auferstehung zu leben: Gewissheit der Liebe Gottes, die das Innerste zu bewegen und an die Wegkreuzungen hinauszugehen vermag, um »den Armen eine frohe Botschaft zu bringen, um den Gefangenen die Entlassung zu verkünden und den Blinden das Augenlicht, um die Zerschlagenen in Freiheit zu setzen und ein Gnadenjahr des Herrn auszurufen« (vgl. *Lk* 4,18-19), in der Freude darüber, dass alle mit ihrer Würde als Kinder des lebendigen Gottes aktiv teilhaben können.

All dies, was ich in dieser Zeit der Pandemie gedacht und gespürt habe, möchte ich brüderlich mit euch teilen, damit es uns helfen möge auf dem Weg des Lobpreises an den Herrn und des Dienstes an den Brüdern und Schwestern. Ich hoffe, dass dies uns allen eine Hilfe sein möge, um »mehr zu lieben und mehr zu dienen«.

Der Herr segne euch und die allerseligste Jungfrau behüte euch. Und bitte vergesst nicht, für mich zu beten.

Brüderlich

Franziskus

[1] Zweites Vatikanisches Konzil, Pastoralkonstitution *Gaudium et spes*, 1.

[2] Vgl. *Evangelii gaudium*, 226-228.

[3] Apostolisches Schreiben *Gaudete et exsultate*, 76.

[4] *Ebd.*109.

Videobotschaft zum 75. Gründungstag der Vereinten Nationen

25. September 2020*

Herr Präsident,

der Friede sei mit Ihnen allen! Sehr herzlich grüße ich Sie, Herr Präsident, sowie alle Delegationen, die an dieser bedeutsamen 75. Generalversammlung der Vereinten Nationen teilnehmen. Insbesondere richte ich meinen Gruß an den Generalsekretär, Herrn António Guterres, an die teilnehmenden Staats- und Regierungschefs sowie an alle, die der Generaldebatte folgen.

Der 75. Jahrestag der Gründung der Vereinten Nationen bietet Gelegenheit, den Wunsch des Heiligen Stuhls, dass diese Organisation ein wahres Zeichen und Werkzeug der Einheit unter den Staaten sein und der ganzen Menschheitsfamilie dienen möge, erneut zum Ausdruck zu bringen.[1]

Gegenwärtig wird unsere Welt von der Covid-19-Pandemie heimgesucht, die zum Verlust vieler Menschenleben geführt hat. Diese Krise verändert unseren Lebensstil, stellt unsere Wirtschafts-, Gesundheits- und Sozialsysteme in Frage und macht unsere Schwäche als Geschöpfe deutlich.

In der Tat ruft die Pandemie uns auf, »diese Zeit der Prüfung als eine Zeit der Entscheidung zu nutzen [...]: die Zeit zu entscheiden, was wirklich zählt und was vergänglich ist, die Zeit, das Notwendige von dem zu unterscheiden, was nicht notwendig ist.«[2] Sie kann eine wirkliche Chance zur Umkehr, zur Veränderung darstellen, um unseren Lebensstil und unsere wirtschaftlichen und sozialen Systeme zu überdenken, die die Distanz zwischen Armen und Reichen vergrößern, infolge einer ungerechten Verteilung der Ressourcen. Sie kann jedoch auch eine Möglichkeit zum »defensiven Rückzug« bieten, mit individualistischen und elitären Wesenszügen.

Wir stehen also vor der Entscheidung für einen von zwei möglichen Wegen: Einer führt zur Stärkung des Multilateralismus, als Ausdruck einer erneuerten globalen Mitverantwortung, einer Solidarität auf der Grundlage der Gerechtigkeit und der Erfüllung des Friedens und der Einheit der Menschheitsfamilie, Gottes Plan für die Welt; der andere zieht die Haltungen der Selbstgenügsamkeit, des Nationalismus, des Protektionismus, des Individualismus und der Isolierung vor und grenzt die Armen, die Schwachen, die Bewohner der existentiellen Randgebiete aus. Und natürlich schadet das der ganzen Gemeinschaft, weil es ein selbstverletzendes Verhalten für alle ist. Und das darf nicht die Oberhand haben.

* http://www.vatican.va/content/francesco/de/messages/pont-messages/2020/documents/papa-francesco_20200925_videomessaggio-onu.html

Die Pandemie hat die dringende Notwendigkeit deutlich gemacht, die öffentliche Gesundheit zu fördern und das Recht eines jeden Menschen auf medizinische Grundversorgung umzusetzen.[3] Daher appelliere ich erneut an die politisch Verantwortlichen sowie an den Privatsektor, angemessene Maßnahmen zu ergreifen, um den Zugang zu den Impfstoffen gegen Covid-19 und die wesentlichen technologischen Mittel zu garantieren, die notwendig sind, um die Kranken zu behandeln. Und wenn jemand privilegiert werden muss, dann sollen es jene Menschen sein, die arm und verwundbar sind – jene, die gewöhnlich diskriminiert werden, weil sie weder Macht noch wirtschaftliche Mittel besitzen.

Die gegenwärtige Krise hat uns auch gezeigt, dass die Solidarität nicht nur ein Wort oder ein leeres Versprechen sein darf. Außerdem zeigt sie uns, wie wichtig es ist, die Versuchung zu vermeiden, unsere natürlichen Grenzen zu überschreiten. »Die menschliche Freiheit ist in der Lage, die Technik zu beschränken, sie zu lenken und in den Dienst einer anderen Art des Fortschritts zu stellen, der gesünder, menschlicher, sozialer und ganzheitlicher ist.«[4] Wir müssen all diese Aspekte auch in den Debatten über das schwierige Thema der künstlichen Intelligenz (KI) berücksichtigen.

Wenn wir uns das vergegenwärtigen, denke ich auch an die Auswirkungen auf die Arbeit, einen Sektor, der destabilisiert ist durch einen Arbeitsmarkt, der immer mehr von Ungewissheit und der allgemeinen »Roboterisierung« geprägt ist. Besonders notwendig ist es, neue Formen der Arbeit zu finden, die das menschliche Potential tatsächlich zufriedenstellen können und gleichzeitig unsere Würde bestätigen. Um eine menschenwürdige Arbeit zu gewährleisten, muss das vorherrschende wirtschaftliche Paradigma geändert werden, das nur danach strebt, den Unternehmensprofit zu steigern. Mehr Menschen Arbeit anzubieten sollte eines der wichtigsten Ziele eines jeden Unternehmers sein, ein Erfolgskriterium der Produktionstätigkeit. Der technologische Fortschritt ist nützlich und notwendig, solange er dazu dient, die Arbeit menschenwürdiger, sicherer, weniger belastend und aufreibend zu machen.

All das verlangt einen Kurswechsel, und dafür haben wir bereits die Ressourcen und die kulturellen, technologischen Mittel, und wir haben das soziale Bewusstsein. Zweifellos braucht dieser Wandel einen stärkeren ethischen Rahmen, der in der Lage ist, die »so verbreitete und unbewusst gefestigte ›Wegwerfkultur‹« zu überwinden.[5]

Am Ursprung dieser Wegwerfkultur steht ein großer Mangel an Achtung gegenüber der Würde des Menschen, eine ideologische Propaganda mit einem verkürzten Menschenbild, eine Leugnung der Universalität seiner Grundrechte, und ein Wunsch nach absoluter Macht und Kontrolle, der die heutige moderne Gesellschaft beherrscht. Nennen wir es beim Namen: Auch das ist ein Attentat gegen die Menschlichkeit.

In der Tat ist es schmerzlich zu sehen, wie viele Grundrechte immer noch ungestraft verletzt werden. Die Liste dieser Verletzungen ist sehr lang und lässt uns zu dem schrecklichen Bild einer vergewaltigten, verletzten, der Würde, der Freiheit und der Möglichkeit zur Entwicklung beraubten Menschheit gelangen. In diesem Bild erleiden auch die Gläubigen der Religionen alle möglichen Arten von Verfolgung, einschließlich des Völkermords aufgrund ihres Glaubens. Unter den Gläubigen der Religionen sind auch wir Christen Opfer: Wie viele leiden auf der ganzen Welt, sind zuweilen gezwungen, aus dem Land ihrer Vorfahren zu fliehen, isoliert von ihrer reichen Geschichte und ihrer Kultur.

Wir müssen auch zugeben, dass die humanitären Krisen zu einem »Status quo« geworden sind, in dem die Rechte auf Leben, auf Freiheit und auf persönliche Sicherheit nicht gewährleistet sind. Tatsächlich zeigen die Konflikte auf der ganzen Welt, dass der Gebrauch von Explosionswaffen, vor allem in bevölkerungsreichen Gebieten, langfristige dramatische humanitäre Auswirkungen hat. In diesem Sinne werden die konventionellen Waffen immer weniger »konventionell« und entwickeln sich immer mehr zu »Massenvernichtungswaffen«, die Städte, Schulen, Krankenhäuser, religiöse Stätten sowie Infrastrukturen und grundlegende Dienste für die Bevölkerung zerstören.

Außerdem sehen viele sich gezwungen, ihr Zuhause zu verlassen. Oft werden Flüchtlinge, Migranten und Vertriebene in ihren Heimat-, Durchgangs- oder Zielländern alleingelassen, ohne jede Möglichkeit, ihre eigene Lebenssituation oder die ihrer Familie zu verbessern. Noch schlimmer ist, dass Tausende auf dem Meer abgefangen und gezwungen werden, in Gefangenenlager zurückzukehren, wo sie mit Folter und Missbrauch konfrontiert sind. Viele sind Opfer von Menschenhandel, sexueller Sklaverei oder Zwangsarbeit, werden in erniedrigenden Arbeiten ausgebeutet, ohne einen gerechten Lohn. Diese unerträgliche Wirklichkeit wird zweifellos heute von vielen absichtlich ignoriert!

Die vielen wichtigen internationalen Bemühungen, auf diese Krisen eine Antwort zu geben, beginnen mit einem großen Versprechen, unter anderem mit den beiden Globalen Pakten für die Flüchtlinge und für die Migration, aber vielen fehlt die notwendige politische Unterstützung, um erfolgreich zu sein. Andere scheitern, weil einzelne Staaten ihren Verantwortungen und Pflichten ausweichen. Zweifellos ist die gegenwärtige Krise eine Chance: Sie ist eine Chance für die Vereinten Nationen, sie ist eine Chance, um eine geschwisterlichere und mitfühlendere Gesellschaft hervorzubringen. Dazu gehört es, die Rolle der Wirtschafts- und Finanzeinrichtungen, wie jene von Bretton Woods, neu zu überdenken. Sie müssen eine Antwort geben auf die rasche Zunahme der Ungleichheit zwischen den Superreichen und den permanent Armen. Ein Wirtschaftsmodell, das die Subsidiarität fördert, die wirtschaftliche Entwicklung auf lokaler Ebene unterstützt und in Bildung und Infrastruktur investiert, die den örtlichen Gemeinschaften zugutekommt, schafft die Grundlagen für den wirtschaftlichen Erfolg und gleichzeitig für die Erneuerung der Gemeinschaft und der Nation allgemein. Und hier erneuere ich meinen Aufruf, dass »angesichts der Umstände [...] alle Staaten in die Lage versetzt werden sollten, die notwendigsten Maßnahmen in Angriff zu nehmen, indem die Schulden, welche die Bilanzen der ärmsten Länder belasten, teilweise oder sogar ganz erlassen werden.«[6]

Die internationale Gemeinschaft muss sich bemühen, den wirtschaftlichen Ungerechtigkeiten ein Ende zu setzen. »Wenn die multilateralen Krediteinrichtungen die verschiedenen Nationen beraten, ist es wichtig, sich die höheren Konzepte der steuerlichen Gerechtigkeit, die für ihre Verschuldung verantwortlichen öffentlichen Haushalte und vor allem die tatsächliche Förderung der Ärmsten im Sozialgefüge, die sie zu Protagonisten macht, vor Augen zu führen.«[7] Wir haben die Verantwortung, die Hilfen für die Entwicklung der armen Nationen und die Reduzierung der Schulden der stark verschuldeten Nationen einander anzupassen.«[8]

Eine neue Ethik setzt voraus, sich der Notwendigkeit bewusst zu sein, sich alle gemeinsam dafür einzusetzen, Steueroasen zu schließen, Steuerhinterziehung und Geldwäsche zu vermeiden, die die Gesellschaft berauben, sowie den Nationen zu sagen, wie wichtig es ist, das Recht und das Gemeinwohl gegen die Interessen der Unternehmen und der mächtigen multinationalen Konzerne zu verteidigen.«[9] Dies ist auch ein günstiger Augenblick, um die internationale Finanzarchitektur zu erneuern.[10]

Herr Präsident,

ich denke daran, dass ich vor fünf Jahren die Gelegenheit hatte, mich anlässlich des 70. Jahrestages ihrer Gründung an die Generalversammlung zu wenden. Mein Besuch fand in einer Zeit statt, in der ein wirklich dynamischer Multilateralismus herrschte, in einem vielversprechenden Augenblick großer Hoffnung, unmittelbar vor der Annahme der Agenda 2030. Einige Monate später wurde auch das Pariser Abkommen zum Klimawandel unterzeichnet.

Wir müssen jedoch ehrlich zugeben, dass – wenngleich einige Fortschritte erzielt worden sind – die geringe Fähigkeit der internationalen Gemeinschaft, ihre vor fünf Jahren gegebenen Versprechen einzuhalten, mich noch einmal wiederholen lässt, dass »wir jede Versuchung meiden müssen, einem Nominalismus zu verfallen, der sich in Deklarationen erschöpft und einen Beruhigungseffekt auf das Gewissen ausübt. Wir müssen dafür sorgen, dass unsere Institutionen wirklich effektiv sind im Kampf gegen all diese Plagen.«[11]

Ich denke auch an die gefährliche Situation in Amazonien und an seine indigenen Völker. Das erinnert uns daran, dass die Umweltkrise unauflöslich mit einer sozialen Krise verbunden ist und dass der Umweltschutz einen ganzheitlichen Ansatz erfordert, um Armut und Ausgrenzung zu bekämpfen.[12]

Gewiss ist es ein positiver Schritt, dass die ganzheitliche ökologische Sensibilität und der Wunsch zu handeln gewachsen sind. »Wir dürfen die zukünftigen Generationen nicht mit den Problemen belasten, die von den vorhergehenden verursacht worden sind. [...] Wir müssen uns ernsthaft fragen, ob bei uns der politische Wille vorhanden ist [...], die negativen Auswirkungen des Klimawandels zu mildern sowie den ärmsten und schwächsten Bevölkerungsgruppen zu helfen, die am meisten davon betroffen sind.«[13]

Der Heilige Stuhl wird seine Aufgabe auch weiterhin erfüllen. Als konkretes Zeichen für die Sorge um unser gemeinsames Haus habe ich kürzlich die Änderung von Kigali am Montreal-Protokoll unterzeichnet.[14]

Herr Präsident,

wir dürfen die verheerenden Auswirkungen der Covid-19-Krise auf die Kinder, auch auf die minderjährigen unbegleiteten Migranten und Flüchtlinge, nicht übersehen. Die Gewalt gegen Kinder, einschließlich der schrecklichen Plage des Missbrauchs von Kindern und der Pornographie, ist ebenfalls dramatisch angestiegen.

Außerdem können Millionen von Kindern nicht in die Schule zurückkehren. In vielen Teilen der Welt droht in dieser Situation eine Zunahme der Kinderarbeit, der Ausbeutung, der Misshandlung und der Unterernährung. Leider fördern die Länder und die internationalen Einrichtungen auch die Abtreibung als einen der sogenannten »wesentlichen Dienste« im Rahmen der humanitären Antwort. Es ist traurig zu sehen, wie einfach und nützlich es für einige geworden ist, das Leben auszulöschen als Lösung von Problemen, die sowohl für die Mutter als auch für das ungeborene Kind gelöst werden müssen.

Ich bitte daher die zivilen Autoritäten inständig, dass sie den Kindern, deren Rechte und grundlegende Würde, insbesondere das Recht auf Leben und auf Bildung, verletzt werden, besondere Aufmerksamkeit schenken. Ich kann nicht umhin, den Appell der mutigen jungen Frau Malala Yousafzai in Erinnerung zu rufen, die uns vor fünf Jahren in der Generalversammlung daran erinnert hat, dass »ein Kind, ein Lehrer, ein Buch und ein Stift die Welt verändern können«.

Die ersten Erzieher des Kindes sind seine Mutter und sein Vater: die Familie, die die Allgemeine Erklärung der Menschenrechte als »die natürliche Grundeinheit der Gesellschaft«[15] beschreibt. Allzu oft ist die Familie Opfer ideologischer Kolonialismen, die sie verwundbar machen und letztlich bei vielen ihrer Angehörigen, besonders bei den wehrlosesten – Kindern und alten Menschen – ein Gefühl der Entwurzelung und der Verwaisung hervorrufen. Die Auflösung der Familie spiegelt sich wider in der Zersplitterung der Gesellschaft, die das Engagement gegen gemeinsame Feinde verhindert. Es ist an der Zeit, unsere Ziele neu zu überdenken und uns wieder für sie einzusetzen.

Und eines dieser Ziele ist die Förderung der Frau. In diesem Jahr begehen wir den 25. Jahrestag der Weltfrauenkonferenz in Peking. Auf allen Ebenen der Gesellschaft spielen die Frauen eine wichtige Rolle durch ihren einzigartigen Beitrag, und nehmen mit großem Mut die Zügel in die Hand im Dienst am Gemeinwohl. Dennoch bleiben viele Frauen auf der Strecke: als Opfer von Sklaverei, Menschenhandel, Gewalt, Ausbeutung und erniedrigender Behandlung. Ihnen und allen, die von ihren Familien getrennt leben, bringe ich meine brüderliche Nähe zum Ausdruck. Und ich fordere erneut größere Entschlossenheit und mehr Einsatz im Kampf gegen diese perversen Praktiken, die nicht nur die Frauen, sondern die ganze Menschheit erniedrigen, die sich mit ihrem Schweigen und ihrem Mangel an konkretem Handeln zur Komplizin macht.

Herr Präsident,

wir müssen uns fragen, ob man den wichtigsten Bedrohungen des Friedens und der Sicherheit – darunter Armut, Epidemien und Terrorismus – erfolgreich entgegenwirken kann, wenn das Wettrüsten, einschließlich des atomaren Wettrüstens, weiterhin wertvolle Ressourcen verschwendet, die besser für das Wohl der ganzheitlichen Entwicklung der Völker und zum Schutz der natürlichen Umwelt eingesetzt werden sollten.

Es ist notwendig, das existierende Klima des Misstrauens zu durchbrechen. Wir erleben derzeit eine Erosion des Multilateralismus, die sich als noch schwerwiegender erweist im Licht der neuen Formen der Militärtechnologie,[16] wie die tödlichen Systeme der »Lethal Autonomous Weapons« (LAWS), die das Wesen des Krieges unumkehrbar verändern, indem sie ihn noch mehr vom menschlichen Handeln trennen.

Die perverse Logik, die persönliche und soziale Sicherheit auf Waffenbesitz zurückführt, muss entlarvt werden. Eine solche Logik dient nur dazu, den Profit der Kriegsindustrie zu mehren, während sie ein Klima des Misstrauens und der Angst unter den Menschen und den Völkern nährt.

Und insbesondere die »nukleare Abschreckung« schürt einen Geist der Angst, der auf der Bedrohung der gegenseitigen Vernichtung gründet und letztlich die Beziehungen zwischen den Völkern vergiftet und den Dialog behindert.[17] Deshalb ist es so wichtig, die wichtigsten internationalen Rechtsmittel zur nuklearen Abrüstung zu unterstützen: die Nichtverbreitung und das Verbot. Der Heilige Stuhl hofft, dass die bevorstehende Konferenz zur Revision des Vertrags über die Nichtverbreitung von Kernwaffen zu konkretem Handeln führt, in Übereinstimmung mit unserem gemeinsamen Anliegen »zum frühestmöglichen Zeitpunkt die Beendigung des nuklearen Wettrüstens herbeizuführen und auf die nukleare Abrüstung gerichtete wirksame Maßnahmen zu ergreifen.«[18]

Außerdem müssen in unserer konfliktgeladenen Welt die Vereinten Nationen zu einer immer wirksameren Werkstatt des Friedens werden. Und das erfordert, dass die Mitglieder des Sicherheitsrates, insbesondere die ständigen Mitglieder, mit größerer Einheit und Entschlossenheit handeln. In diesem Sinne ist die kürzlich erfolgte Annahme des globalen Waffenstillstands in der gegenwärtigen Krise eine sehr edle Maßnahme, die zu ihrer beständigen Umsetzung den guten Willen aller erfordert. Und ich betone auch noch einmal, wie wichtig es ist, die internationalen Sanktionen zu reduzieren, die es den Staaten erschweren, ihrer Bevölkerung angemessene Unterstützung zukommen zu lassen.

Herr Präsident,

aus einer Krise geht man nicht genauso hervor, wie man vorher war: Entweder wir gehen besser oder schlechter daraus hervor. Daher ist es in diesem kritischen Augenblick unsere Pflicht, die Zukunft unseres gemeinsamen Hauses und unseres gemeinsamen Projekts zu überdenken. Das ist eine schwierige Aufgabe, die Ehrlichkeit und Konsequenz im Dialog verlangt, um den Multilateralismus und die Zusammenarbeit zwischen den Staaten zu verbessern. Diese Krise hebt die Grenzen unserer Unabhängigkeit und unsere gemeinsame Schwäche noch stärker hervor und sie führt uns dahin, deutlich zu erklären, wie wir aus ihr hervorgehen wollen: besser oder schlechter. Denn, ich wiederhole, aus einer Krise geht man nicht genauso hervor, wie man vorher war: Entweder wir gehen besser oder wir gehen schlechter daraus hervor.

Die Pandemie hat uns gezeigt, dass wir nicht ohne den anderen oder – noch schlimmer – einer gegen den anderen leben können. Die Vereinten Nationen wurden geschaffen, um die Nationen zu vereinen, um sie einander anzunähern, gleichsam als Brücke zwischen den Völkern; benutzen wir sie, um die Herausforderung, der wir gegenüberstehen, in eine Gelegenheit zu verwandeln, um noch einmal gemeinsam die Zukunft aufzubauen, die wir uns wünschen.

Und Gott segne uns alle!

Danke, Herr Präsident.

[1] Vgl. *Ansprache an die Generalversammlung der Vereinten Nationen*, 25. September 2015; BENEDIKT XVI., *Ansprache an die Generalversammlung der Vereinten Nationen*, 18. April 2008.

[2] *Besondere Andacht in der Zeit der Epidemie,* 27. März 2020.

[3] Vgl. *Allgemeine Erklärung der Menschenrechte*, Artikel 25.1.

[4] *Laudato si'*, 112.

[5] *Ansprache an die Generalversammlung der Vereinten Nationen,* 25. September 2015.

[6] *Botschaft »Urbi et Orbi«,* 12. April 2020.

[7] *Ansprache an die Teilnehmer am Seminar »Neue Formen der Solidarität«*, 5. Februar 2020.

[8] Vgl. *ebd.*

[9] *Ebd.*

[10] Vgl. *ebd.*

[11] *Ansprache an die Generalversammlung der Vereinten Nationen,* 25. September 2015.

[12] Vgl. *Laudato si'*, 139.

[13] *Botschaft an die Teilnehmer an der 25. Sitzungsperiode der Partnerstaaten der Klimarahmenkonvention der Vereinten Nationen,* 1. Dezember 2019.

[14] Vgl. *Botschaft an die 31. Versammlung der Teilnehmerstaaten des Montreal-Protokolls,* 7. November 2019.

[15] *Allgemeine Erklärung der Menschenrechte*, Artikel 16.3.

[16] Vgl. *Ansprache über Atomwaffen*, Atombombenpark, Nagasaki, 24. November 2019.

[17] Vgl. *ebd.*

[18] *Vertrag über die Nichtverbreitung von Kernwaffen*, Präambel.

Katechesen bei der Mittwochsaudienz

Die Welt heilen | Generalaudienzen | 5. August – 30. September 2020

1. Einführung

Bibliothek im Apostolischen Palast
5. August 2020*

Liebe Brüder und Schwestern, guten Tag!

Die Pandemie fügt weiterhin tiefe Wunden zu und entlarvt unsere Verwundbarkeit. Es gibt viele Tote, sehr viele Kranke, auf allen Kontinenten. Viele Menschen und viele Familien erleben eine Zeit der Ungewissheit aufgrund der sozialen und wirtschaftlichen Probleme, die besonders die Ärmsten betreffen.

Daher müssen wir fest auf Jesus blicken (vgl. *Hebr* 12,2) und mit diesem Glauben die Hoffnung auf das Reich Gottes annehmen, das Jesus selbst uns bringt (vgl. *Mk* 1,5; *Mt* 4,17; *Katechismus der katholischen Kirche*, 2816). Ein Reich der Heilung und des Heils, das bereits unter uns gegenwärtig ist (vgl. *Lk* 10,11). Ein Reich der Gerechtigkeit und des Friedens, das durch Werke der Liebe offenbar wird, die wiederum die Hoffnung wachsen lassen und den Glauben stärken (vgl. 1 *Kor* 13,13). In der christlichen Überlieferung sind Glaube, Hoffnung und Liebe viel mehr als Gefühle oder Haltungen. Es sind Tugenden, die durch die Gnade des Heiligen Geistes in uns eingegossen sind:[1] Gaben, die uns heilen und uns zu Heilenden machen; Gaben, die uns zu neuen Horizonten hin öffnen, auch während wir in den schwierigen Wassern unserer Zeit navigieren.

Eine neue Begegnung mit dem Evangelium des Glaubens, der Hoffnung und der Liebe lädt uns ein, einen schöpferischen und erneuerten Geist anzunehmen. Auf diese Weise werden wir in der Lage sein, die Wurzeln unserer physischen, geistlichen und gesellschaftlichen Krankheiten zu verändern. Wir können dann in der Tiefe die ungerechten Strukturen und die zerstörerischen Praktiken heilen, die uns voneinander trennen und die Menschheitsfamilie und unseren Planeten bedrohen.

Das Wirken Jesu bietet viele Beispiele der Heilung. Wenn er jene heilt, die von Fieber (*Mk* 1,2934), von Aussatz (vgl. *Mk* 1,40-45), von Lähmungen (vgl. *Mk* 2,1-12) befallen sind; wenn er das Augenlicht (vgl. *Mk* 8,22-26; *Joh* 9,1-7), die Stimme oder das Gehör zurückgibt (vgl. *Mk* 7,3137), dann heilt er in Wirklichkeit nicht nur eine physische Krankheit, sondern den ganzen Menschen. Auf diese Weise bringt er ihn auch wieder in die Gemeinschaft zurück, geheilt; er befreit ihn von seiner Isolierung, weil er ihn geheilt hat.

Denken wir an den wunderschönen Bericht von der Heilung des Gelähmten in Kafarnaum (vgl. *Mk* 2,1-12), den wir zu Beginn der Audienz gehört haben. Während Jesus am Eingang des Hauses das

* http://www.vatican.va/content/francesco/de/audiences/2020/documents/papa-francesco_20200805_udienza-generale.html

Wort verkündet, bringen vier Männer ihren gelähmten Freund zu Jesus. Und als sie nicht eintreten können, weil eine große Menschenmenge da war, machen sie ein Loch ins Dach und lassen die Liege vor ihm herab, während er das Wort verkündet. »Als Jesus ihren Glauben sah, sagte er zu dem Gelähmten: Mein Sohn, deine Sünden sind dir vergeben!« (V. 5). Und dann fügte er als sichtbares Zeichen hinzu: »Steh auf, nimm deine Liege und geh nach Hause!« (V. 11).

Was für ein wunderbares Beispiel für eine Heilung! Das Handeln Christi ist eine unmittelbare Antwort auf den Glauben jener Menschen, auf die Hoffnung, die sie in ihn setzen, auf die Liebe, die sie einander beweisen. Jesus heilt also, aber er heilt nicht einfach nur die Lähmung: Er heilt alles, er vergibt die Sünden, erneuert das Leben des Gelähmten und seiner Freunde. Er lässt sie sozusagen neu geboren werden. Eine physische und geistliche Heilung, alles zusammen, Frucht einer persönlichen und gesellschaftlichen Begegnung. Stellen wir uns vor, wie diese Freundschaft und der Glaube aller, die in jenem Haus anwesend waren, dank der Geste Jesu gewachsen sind. Die heilende Begegnung mit Jesus!

Und daher fragen wir uns: Auf welche Weise können wir heute dazu beitragen, unsere Welt zu heilen? Als Jünger des Jesu, des Herrn, der Arzt der Seelen und der Leiber ist, sind wir aufgerufen, »sein Heilungs- und Heilswerk«[2] fortzusetzen, im physischen, gesellschaftlichen und geistlichen Sinn.

Auch wenn die Kirche die heilende Gnade Christi durch die Sakramente spendet und auch wenn sie Gesundheitsfürsorge in den verborgensten Winkeln des Planeten anbietet, ist sie keine Expertin in der Vorbeugung oder Heilung der Pandemie. Und sie gibt auch keine besonderen sozialpolitischen Weisungen.[3] Das ist Aufgabe der politischen und gesellschaftlichen Verantwortungsträger. Dennoch hat die Kirche im Laufe der Jahrhunderte und im Licht des Evangeliums einige soziale Prinzipien entwickelt, die grundlegend sind:[4] Prinzipien, die uns helfen können voranzugehen, um die Zukunft vorzubereiten, die wir brauchen. Ich nenne die wichtigsten, die untereinander eng verbunden sind: das Prinzip der Würde der Person, das Prinzip des Gemeinwohls, das Prinzip der vorrangigen Option für die Armen, das Prinzip der allgemeinen Bestimmung der Güter, das Prinzip der Solidarität, der Subsidiarität, das Prinzip der Sorge für unser gemeinsames Haus. Diese Prinzipien helfen den Führungspersönlichkeiten, den Verantwortungsträgern der Gesellschaft, das Wachstum und auch, wie jetzt im Fall der Pandemie, die Heilung des persönlichen und gesellschaftlichen Gefüges voranzubringen. All diese Prinzipien bringen auf unterschiedliche Weise die Tugenden des Glaubens, der Hoffnung und der Liebe zum Ausdruck.

In den kommenden Wochen lade ich euch ein, gemeinsam die dringenden Fragen aufzugreifen, die die Pandemie deutlich gemacht hat, vor allem die sozialen Krankheiten. Und wir werden das im Licht des Evangeliums, der theologischen Tugenden und der Prinzipien der Soziallehre der Kirche tun. Wir werden gemeinsam erforschen, wie unsere katholische Sozialtradition der Menschheitsfamilie helfen kann, diese Welt zu heilen, die unter schweren Krankheiten leidet. Es ist mein Wunsch, dass wir alle zusammen nachdenken und daran arbeiten, als Jünger Jesu, der heilt, um eine bessere Welt aufzubauen, voll Hoffnung für die zukünftigen Generationen.[5]

1 Vgl. *Katechismus der katholischen Kirche*, 1812-1813.

2 *Katechismus der katholischen Kirche,* 1421.

3 Vgl. Hl. Paul VI., Apostolisches Schreiben *Octogesima adveniens*, 4.

4 Vgl. *Kompendium der Soziallehre der Kirche*, 160-208.

5 Vgl. *Evangelii gaudium*, 183.

2. Glaube und Menschenwürde

Bibliothek im Apostolischen Palast
12. August 2020*

Liebe Brüder und Schwestern, guten Tag!

Die Pandemie hat deutlich gezeigt, wie verwundbar wir sind und wie sehr wir alle miteinander verbunden sind. Wenn wir nicht füreinander Sorge tragen, begonnen bei den Geringsten, bei jenen, die am meisten betroffen sind, einschließlich der Schöpfung, dann können wir die Welt nicht heilen.

Lobenswert ist der Einsatz so vieler Menschen, die in diesen Monaten die menschliche und christliche Liebe zum Nächsten unter Beweis stellen, indem sie sich um die Kranken kümmern, auch wenn sie dabei ihre eigene Gesundheit gefährden. Sie sind Helden! Das Coronavirus ist aber nicht die einzige Krankheit, die bekämpft werden muss, sondern die Pandemie hat größere – nämlich soziale – Krankheiten ans Tageslicht gebracht. Eine davon ist die verzerrte Sicht auf den Menschen: eine Sicht, die seine Würde und sein auf Beziehung beruhendes Wesen außer Acht lässt. Manchmal betrachten wir die anderen wie Gegenstände, die benutzt und weggeworfen werden können. In Wirklichkeit macht diese Sichtweise blind und fördert eine individualistische und aggressive Wegwerfkultur, die den Menschen zu einem Konsumgut macht.[1]

Im Licht des Glaubens wissen wir dagegen, dass Gott den Mann und die Frau auf eine andere Weise sieht. Er hat uns nicht als Gegenstände erschaffen, sondern als geliebte Personen, die ihrerseits fähig sind zu lieben; er hat uns nach seinem Bild, ihm ähnlich erschaffen (vgl. *Gen* 1,27). Auf diese Weise hat er uns eine einzigartige Würde geschenkt und uns eingeladen, in Gemeinschaft mit ihm zu leben, in Gemeinschaft mit unseren Schwestern und unseren Brüdern, in der Achtung der ganzen Schöpfung. In Gemeinschaft, in Harmonie, können wir sagen. Die Schöpfung ist eine Harmonie, in der zu leben wir aufgerufen sind. Und in dieser Gemeinschaft, in dieser Harmonie, die Gemeinschaft ist, schenkt Gott uns die Fähigkeit, Leben zu schenken und zu bewahren (vgl. *Gen* 1,28-29), zu arbeiten und für die Erde Sorge zu tragen (vgl. *Gen* 2,15; *Laudato si'*, 67). Natürlich kann man das Leben nicht hervorbringen und bewahren ohne die Harmonie; es wird zerstört.

Von dieser individualistischen Sicht, von dem, was keine Harmonie ist, haben wir ein Beispiel in den Evangelien, in der Bitte, die die Mutter der Jünger Jakobus und Johannes an Jesus richtet (vgl. *Mt* 20,20-28). Sie möchte, dass ihre Söhne rechts und links neben dem neuen König sitzen dürfen. Aber Jesus schlägt eine andere Sicht vor: die Sicht zu dienen und sein Leben für die anderen hinzugeben. Und er bestätigt dies, indem er gleich darauf zwei Blinden das Augenlicht zurückgibt und sie zu seinen Jüngern macht (vgl. *Mt* 20,29-34). Zu versuchen, im Leben nach oben zu kommen, den anderen überlegen zu sein, zerstört

* http://www.vatican.va/content/francesco/de/audiences/2020/documents/papa-francesco_20200812_udienza-generale.html

die Harmonie. Es ist die Logik der Herrschaft, die anderen zu beherrschen. Die Harmonie ist etwas anderes: Sie ist das Dienen. Bitten wir also den Herrn, uns Augen zu schenken, die achtgeben auf die Brüder und Schwestern, besonders auf jene, die leiden. Als Jünger Jesu wollen wir weder gleichgültig noch individualistisch sein: Das sind zwei schlimme Haltungen, die gegen die Harmonie gehen. Gleichgültig: Ich wende den Blick ab. Individualistisch: Nur auf das eigene Interesse schauen. Die von Gott geschaffene Harmonie bittet uns, die anderen anzublicken, die Nöte der anderen, die Probleme der anderen, in Gemeinschaft zu sein. Wir wollen in jedem Menschen, unabhängig von seiner Hautfarbe, Sprache oder sozialen Stellung, die menschliche Würde erkennen. Die Harmonie bringt dich dazu, die menschliche Würde zu erkennen, jene von Gott geschaffene Würde, mit dem Menschen im Mittelpunkt.

Das Zweite Vatikanische Konzil hebt hervor, dass diese Würde unveräußerlich ist, weil sie »›nach dem Bild Gottes‹ geschaffen ist«.[2] Sie ist die Grundlage des ganzen sozialen Lebens und bestimmt seine operativen Grundsätze. In der modernen Kultur ist der Bezugspunkt, der dem Prinzip der unveräußerlichen Würde des Menschen am nächsten ist, die *Allgemeine Erklärung der Menschenrechte*, die der heilige Johannes Paul II. als einen »Meilenstein auf dem langen und schwierigen Weg der Menschheit«[3] bezeichnet hat und als »eine der höchsten Ausdrucksformen des menschlichen Gewissens.«[4] Die Rechte sind nicht nur individuell, sondern auch sozial; es sind die Rechte der Völker, der Nationen.[5] Denn der Mensch in seiner persönlichen Würde ist ein soziales Wesen, geschaffen nach dem Bild des dreieinigen Gottes. Wir sind soziale Wesen, wir haben das Bedürfnis, in dieser sozialen Harmonie zu leben. Aber wenn Egoismus vorhanden ist, dann geht unser Blick nicht zu den anderen, zur Gemeinschaft, sondern er kehrt zu uns selbst zurück, und das macht uns hässlich, böse, egoistisch und zerstört die Harmonie.

Dieses erneuerte Bewusstsein um die Würde eines jeden Menschen hat ernsthafte soziale, wirtschaftliche und politische Auswirkungen. Den Bruder und die ganze Schöpfung als von der Liebe des Vaters empfangenes Geschenk zu betrachten bringt ein Verhalten hervor, das von Aufmerksamkeit, Fürsorge und Staunen geprägt ist. So blickt der Gläubige, indem er den Nächsten als Bruder und nicht als Fremden betrachtet, auf ihn mit Mitgefühl und Empathie, nicht mit Verachtung oder Feindseligkeit. Und indem er die Welt im Licht des Glaubens betrachtet, bemüht er sich, mit Hilfe der Gnade seine Kreativität und seine Begeisterung zu entwickeln, um die Dramen der Geschichte zu lösen. Er versteht und entwickelt seine Fähigkeiten als Verantwortungen, die seinem Glauben entspringen,[6] als Gaben Gottes, die in den Dienst der Menschheit und der Schöpfung gestellt werden müssen.

Während wir alle etwas für den Schutz vor einem Virus tun, das alle ohne Unterschied betrifft, ermahnt uns der Glaube, uns ernsthaft und tatkräftig dafür einzusetzen, der Gleichgültigkeit gegenüber den Verletzungen der Würde des Menschen entgegenzuwirken. Die Kultur der Gleichgültigkeit, die die Wegwerfkultur begleitet: Die Dinge, die mich nicht betreffen, interessieren mich nicht. Der Glaube verlangt immer, uns von unserem Individualismus – sowohl auf persönlicher als auch auf kollektiver Ebene – heilen und bekehren zu lassen; von einem parteilichen Individualismus zum Beispiel. Möge der Herr uns »das Augenlicht zurückgeben«, um neu zu entdecken, was es bedeutet, Glieder der Menschheitsfamilie zu sein. Und möge dieser Blick zu konkretem Handeln werden: zu Taten des Mitgefühls und der Achtung für jeden Menschen und zur Bewahrung und zum Schutz unseres gemeinsamen Hauses.

1 Vgl. *Evangelii gaudium*, 53; *Laudato si'*, 22.

2 *Gaudium et spes*, 12.

3 *Ansprache an die Vollversammlung der Vereinten Natione*n, 2. Oktober 1979,7.

4 *Ansprache an die Vollversammlung der Vereinten Natione*n, 5. Oktober 1995, 2.

5 Vgl. *Kompendium der Soziallehre der Kirche*, 157.

6 *Ebd.*

3. Die bevorzugte Option für die Armen und die Tugend der Nächstenliebe

Bibliothek im Apostolischen Palast
19. August 2020*

Liebe Brüder und Schwestern, guten Tag!

Die Pandemie hat die schwierige Lage der Armen und die große Ungleichheit, die in der Welt herrscht, aufgedeckt. Und während das Virus keine Unterschiede zwischen den Menschen macht, ist es auf seinem verheerenden Weg auf große Ungleichheiten und Diskriminierungen gestoßen. Und es hat sie vermehrt!

Es gibt daher eine zweifache Antwort auf die Pandemie. Einerseits ist es unverzichtbar, das Heilmittel für ein kleines, aber schreckliches Virus zu finden, das die ganze Welt in die Knie zwingt. Andererseits müssen wir ein »großes Virus« heilen: das »Virus« der sozialen Ungerechtigkeit, der Chancenungleichheit, der Ausgrenzung und des mangelnden Schutzes der Schwächeren. Diese zweifache Antwort der Heilung enthält eine Entscheidung, die dem Evangelium zufolge nicht fehlen darf: die *bevorzugte Option für die Armen.*[1] Und das ist keine politische Option. Es ist auch keine ideologische Option, keine Option der Parteien. Die bevorzugte Option für die Armen steht im Mittelpunkt des Evangeliums. Und der erste, der sie gewählt hat, war Jesus selbst; wir haben das im Abschnitt aus dem Korintherbrief gehört, der zu Beginn verlesen wurde. Er, der reich war, wurde arm, um uns reich zu machen. Er wurde einer von uns, und daher steht im Mittelpunkt des Evangeliums, im Mittelpunkt der Verkündigung Jesu diese Option.

Christus, der Gott ist, hat sich entäußert und ist den Menschen gleich geworden; er hat kein privilegiertes Leben gewählt, sondern er hat sich entschieden, wie ein Sklave zu sein (vgl. *Phil* 2,67). Er hat sich selbst erniedrigt und zum Sklaven gemacht. Er wurde in einer einfachen Familie geboren und hat als Handwerker gearbeitet. Zu Beginn seiner Predigttätigkeit hat er verkündigt, dass im Reich Gottes die Armen selig sind (vgl. *Mt* 5,3; *Lk* 6,20; *Evangelii gaudium*, 197). Er war inmitten der Kranken, der Armen, der Ausgegrenzten und hat ihnen die barmherzige Liebe Gottes gezeigt.[2] Und oft wurde er als unreiner Mensch verurteilt, weil er zu den Kranken, den Aussätzigen ging, die dem damaligen Gesetz nach unrein waren. Und er hat etwas riskiert, um den Armen nahe zu sein.

Daher erkennen die Jünger Jesu einander an ihrer Nähe zu den Armen, den Geringen, den Kranken und den Gefangenen, den Ausgegrenzten, den Vergessenen und jenen, die ohne Nahrung und

* http://www.vatican.va/content/francesco/de/audiences/2020/documents/papa-francesco_20200819_udienza-generale.html

Kleidung sind (vgl. *Mt* 25,31-36; *Katechismus der Katholischen Kirche*, 2443). Wir können den berühmten Maßstab, nach dem wir alle gerichtet werden – nach dem wir alle gerichtet werden – nachlesen. Bei Matthäus, Kapitel 25. Das ist ein Schlüsselkriterium christlicher Authentizität (vgl. *Gal* 2,10; *Evangelii gaudium*, 195). Einige meinen irrtümlich, dass die bevorzugte Liebe zu den Armen eine Aufgabe für einige wenige sei, aber in Wirklichkeit ist es die Sendung der ganzen Kirche, sagte der heilige Johannes Paul II.[3] »Jeder Christ und jede Gemeinschaft ist berufen, Werkzeug Gottes für die Befreiung und die Förderung der Armen zu sein«.[4]

Glaube, Hoffnung und Liebe drängen uns unumgänglich zu dieser Option für die Notleidenden,[5] die über die – wenngleich notwendige – Sozialhilfe hinausgeht.[6] Sie bedeutet nämlich, gemeinsam unterwegs zu sein, uns von ihnen, die den leidenden Christus gut kennen, evangelisieren zu lassen, uns von ihrer Heilserfahrung, von ihrer Weisheit und von ihrer Kreativität »anstecken« zu lassen.[7] Mit den Armen zu teilen bedeutet, uns gegenseitig zu bereichern. Und wenn kranke Sozialstrukturen vorhanden sind, die sie daran hindern, Träume für die Zukunft zu haben, dann müssen wir uns gemeinsam dafür einsetzen, sie zu heilen, sie zu verändern.[8] Dahin führt die Liebe Christi, der uns bis zur Vollendung geliebt hat (vgl. *Joh* 13,1). Und sie reicht bis zu den Grenzen, den Rändern, den existentiellen Randgebieten. Die Randgebiete in den Mittelpunkt zu bringen bedeutet, unser Leben auf Christus auszurichten, der unseretwegen arm geworden ist, um uns reich zu machen »durch seine Armut« (*2Kor* 8,9).[9]

Wir alle sind besorgt über die sozialen Folgen der Pandemie. Alle. Viele wollen zur Normalität zurückkehren und die wirtschaftlichen Tätigkeiten wieder aufnehmen. Gewiss, aber diese »Normalität« darf die sozialen Ungerechtigkeiten und die Schädigung der Umwelt nicht miteinschließen. Die Pandemie ist eine Krise, und aus einer Krise kommt man nicht genauso heraus, wie man vorher war: Entweder wir gehen besser daraus hervor oder wir gehen schlechter daraus hervor. Wir müssen besser daraus hervorgehen, um in Bezug auf die sozialen Ungerechtigkeiten und die Umweltschädigung etwas zu verbessern. Heute haben wir eine Gelegenheit, etwas anderes aufzubauen. Zum Beispiel können wir eine Wirtschaft der ganzheitlichen Entwicklung der Armen statt eines Sozialhilfesystems fördern. Damit will ich die Fürsorge nicht verurteilen; soziale Hilfsdienste sind wichtig. Denken wir an das Ehrenamt, das eine der schönsten Strukturen der Kirche in Italien ist. Wir müssen jedoch darüber hinausgehen und die Probleme lösen, die uns dazu drängen, Sozialhilfe zu leisten. Eine Wirtschaft, die nicht auf Heilmittel zurückgreift, die die Gesellschaft in Wirklichkeit vergiften, wie die Steigerung der Ertragsfähigkeit ohne eine Schaffung menschenwürdiger Arbeitsplätze.[10] Diese Art des Profits ist von der Realwirtschaft abgekoppelt, von jener Wirtschaft, die den einfachen Menschen zum Wohl dienen sollte.[11] Außerdem erweist sie sich zuweilen als gleichgültig gegenüber den Schäden, die dem gemeinsamen Haus zugefügt werden. Die bevorzugte Option für die Armen, jene ethische und soziale Notwendigkeit, die der Liebe Gottes entspringt,[12] spornt uns an, eine Wirtschaft zu planen und zu entwerfen, in der die Menschen, und vor allem die Ärmeren, im Mittelpunkt stehen. Und sie ermutigt uns auch, das Heilmittel gegen das Virus so zu planen, dass jene bevorzugt werden, die es am meisten brauchen. Es wäre traurig, wenn bei einer Impfung gegen Covid-19 den Reichen die Priorität gegeben werden würde! Es wäre traurig, wenn dieser Impfstoff zum Eigentum dieser oder jener Nation werden würde und nicht allgemein für alle da wäre. Und welch ein Skandal wäre es, wenn die ganze Wirtschaftshilfe, die wir beobachten können – der größte Teil durch öffentliche Gelder –, darauf ausgerichtet wäre, Unternehmen zu retten, die nicht zur Inklusion der Ausgeschlossenen, zur Förderung der Geringsten, zum Gemeinwohl oder zur Bewahrung der Schöpfung beitragen.[13] Dies sind die Kriterien, nach denen den Unternehmen geholfen werden muss: denen, die zur Inklusion der Ausgeschlossenen, zur Förderung der Geringsten, zum Gemeinwohl und zur Bewahrung der Schöpfung beitragen. Vier Kriterien.

Wenn das Virus sich erneut intensivieren sollte in einer für die Ärmeren und Schwächeren ungerechten Welt, dann müssen wir diese Welt verändern. Nach dem Vorbild Jesu, dem Arzt der ganzheitlichen göttlichen Liebe, also der physischen, sozialen und geistlichen Heilung (vgl. *Joh* 5,6-9) – so war die von Jesus gewirkte Heilung –, müssen wir jetzt handeln, um die von kleinen, unsichtbaren Viren verursachten Epidemien zu heilen und um jene Epidemien zu heilen, die von den großen und sichtbaren sozialen Ungerechtigkeiten verursacht werden. Ich schlage vor, dies von der Liebe Gottes her zu tun, indem man die Randgebiete in den Mittelpunkt stellt und die Letzten auf den ersten Platz. Wir dürfen nicht den Maßstab vergessen, nach dem wir gerichtet werden: *Matthäus*, Kapitel 25. Wir wollen ihn jetzt, da die Epidemie wieder ansteigt, in die Praxis umsetzen. Und von dieser konkreten Liebe her, die in der Hoffnung verankert ist und im Glauben gründet, wird eine gesündere Welt möglich sein. Andernfalls werden wir schlechter aus der Krise hervorgehen. Möge der Herr uns helfen, uns die Kraft geben, um besser daraus hervorzugehen, indem wir auf die Nöte der heutigen Welt antworten.

[1] Vgl. *Evangelii gaudium*, 195.

[2] Vgl. *Katechismus der Katholischen Kirche*, 2444.

[3] Vgl. Enzyklika *Sollicitudo rei socialis*, 42.

[4] *Evangelii gaudium*, 187.

[5] Vgl. Kongregation für die Glaubenslehre, *Instruktion über einige Aspekte der »Theologie der Befreiung«* (1984), 5.

[6] Vgl. *Eg* 198.

[7] Vgl. *ebd.*

[8] Vgl. *ebd.*, 195.

[9] Vgl. Benedikt XVI., *Eröffnungsansprache der V. Generalkonferenz der Bischofskonferenzen von Lateinamerika und der Karibik*, 13. Mai 2007, 3.

[10] Vgl. *Evangelii gaudium*, 204.

[11] Vgl. *Laudato si'*, 109.

[12] Vgl. *Laudato si'*, 158.

[13] Vgl. *ebd.*

4. Die universelle Bestimmung der Güter und die Tugend der Hoffnung

Bibliothek im Apostolischen Palast
26. August 2020*

Liebe Brüder und Schwestern, guten Tag!

Angesichts der Pandemie und ihrer sozialen Folgen drohen viele die Hoffnung zu verlieren. In dieser Zeit der Ungewissheit und der Angst lade ich alle ein, das Geschenk der Hoffnung anzunehmen, die von Christus kommt. Er hilft uns, durch die stürmischen Wasser der Krankheit, des Todes und der Ungerechtigkeit zu steuern, die nicht das letzte Wort über unser endgültiges Ziel haben.

Die Pandemie hat die sozialen Probleme deutlich gemacht und sie verschlimmert, vor allem die Ungleichheit. Einige können von zu Hause aus arbeiten, während dies für viele andere unmöglich ist. Einige Kinder können trotz der Schwierigkeiten auch weiterhin eine Schulausbildung bekommen, während diese für sehr viele andere schlagartig unterbrochen wurde. Einige mächtige Nationen haben die Möglichkeit der Geldemission, um dem Notstand entgegenzuwirken, während dies für andere eine Hypothek auf die Zukunft bedeuten würde.

Diese Symptome der Ungleichheit offenbaren eine soziale Krankheit; es ist ein Virus, das aus einer kranken Wirtschaft kommt. Wir müssen es einfach sagen: Die Wirtschaft ist krank. Sie ist krank geworden. Sie ist das Ergebnis eines ungerechten Wirtschaftswachstums – das ist die Krankheit: das Ergebnis eines ungerechten Wirtschaftswachstums, das die menschlichen Grundwerte missachtet. In der heutigen Welt besitzen einige wenige sehr reiche Menschen mehr als der ganze Rest der Menschheit. Ich wiederhole das, weil es uns zum Nachdenken bringen muss: Einige wenige sehr reiche Menschen, eine kleine Gruppe, besitzen mehr als der ganze Rest der Menschheit. Das ist reine Statistik. Es ist eine himmelschreiende Ungerechtigkeit! Gleichzeitig ist dieses Wirtschaftsmodell gleichgültig gegenüber den Schäden, die dem gemeinsamen Haus zugefügt werden. Es trägt keine Sorge für das gemeinsame Haus. Wir sind nahe daran, in vielen Bereichen das Limit unseres wunderbaren Planeten zu überschreiten, mit schwerwiegenden und irreversiblen Folgen: vom Verlust der Biodiversität und vom Klimawandel bis zum Anstieg des Meeresspiegels und zur Zerstörung der tropischen Regenwälder. Die soziale Ungleichheit und die Umweltschäden gehen Hand in Hand und haben dieselbe Wurzel,[1] nämlich die Sünde, besitzen zu wollen, die Brüder und Schwestern beherrschen zu wollen, die Natur und sogar Gott selbst besitzen und beherrschen zu wollen. Aber das ist nicht der Schöpfungsplan.

* http://www.vatican.va/content/francesco/de/audiences/2020/documents/papa-francesco_20200826_udienza-generale.html

»Am Anfang hat Gott die Erde und ihre Güter der Menschheit zur gemeinsamen Verwaltung anvertraut, damit sie für die Erde sorge«.[2] Gott hat uns aufgefordert, die Erde in seinem Namen zu unterwerfen (vgl. *Gen* 1,28), sie zu bearbeiten und zu hüten wie einen Garten, den Garten aller Menschen (vgl. *Gen* 2,15). »Während ›bebauen‹ kultivieren, pflügen oder bewirtschaften bedeutet, ist mit ›hüten‹, schützen, [und] bewahren [...] gemeint«.[3] Man muss jedoch achtgeben, dies nicht als Vollmacht zu verstehen, mit der Erde zu machen, was man will. Nein. Es gibt »eine Beziehung verantwortlicher Wechselseitigkeit«[4] zwischen uns und der Natur. Eine Beziehung verantwortlicher Wechselseitigkeit zwischen uns und der Natur. Wir empfangen von der Schöpfung und geben unsererseits. »Jede Gemeinschaft darf von der Erde das nehmen, was sie zu ihrem Überleben braucht, hat aber auch die Pflicht, sie zu schützen«.[5] Beide Seiten.

Denn »die Erde war schon vor uns da und ist uns gegeben worden«,[6] sie ist von Gott dem »gesamten Menschengeschlecht« gegeben worden.[7] Es ist daher unsere Pflicht, dafür zu sorgen, dass ihre Früchte zu allen gelangen, nicht nur zu einigen. Und das ist ein Schlüsselelement unserer Beziehung zu den irdischen Gütern. Die Väter des Zweiten Vatikanischen Konzils haben in Erinnerung gerufen: »Darum soll der Mensch, der sich dieser Güter bedient, die äußeren Dinge, die er rechtmäßig besitzt, nicht nur als ihm persönlich zu eigen, sondern muss er sie zugleich auch als Gemeingut ansehen in dem Sinn, dass sie nicht ihm allein, sondern auch anderen von Nutzen sein können«.[8] Denn »der Besitz eines Gutes macht dessen Eigentümer zu einem Verwalter im Dienst der Vorsehung; er soll es nutzen und den daraus erwachsenden Ertrag mit anderen [...] teilen«.[9] Wir sind Verwalter der Güter, nicht Herren. Verwalter. »Ja, aber es ist mein Gut.« Das stimmt, es ist deins, aber um es zu verwalten, nicht um es egoistisch für dich zu haben. Um sicherzustellen, dass das, was wir besitzen, der Gemeinschaft einen Wert bringt, hat »die staatliche Gewalt [...] das Recht und die Pflicht, zugunsten des Gemeinwohls die rechtmäßige Ausübung des Eigentumsrechtes zu regeln«.[10] Die »Unterordnung des Privatbesitzes unter die allgemeine Bestimmung der Güter [...] ist eine ›goldene Regel‹ des sozialen Verhaltens und das ›Grundprinzip der ganzen sozialethischen Ordnung‹«.[11]

Das Eigentum, das Geld sind Mittel, die der Sendung dienen können. Wir machen sie jedoch einfach zu individuellen oder kollektiven Zielen. Und wenn das geschieht, werden die menschlichen Grundrechte angegriffen. Der »homo sapiens« wird verzerrt und zu einer Art »homo oeconomicus« – im negativen Sinn: individualistisch, berechnend und beherrschend. Wir vergessen, dass wir als Abbild Gottes, ihm ähnlich erschaffen wurden und daher soziale, schöpferische und solidarische Wesen sind, mit einer enormen Fähigkeit zu lieben. Das vergessen wir oft. In der Tat sind wir die kooperativsten Wesen unter allen Arten, und wir gedeihen in der Gemeinschaft, wie man in der Erfahrung der Heiligen gut sieht. Es gibt ein spanisches Sprichwort, das mich zu diesem Wort inspiriert hat. Es lautet so: *Florecemos en racimo como los santos.*[12] *Wir gedeihen in der Gemeinschaft, wie man an der Erfahrung der Heiligen sieht.*

Wenn die Besessenheit des Habens und Herrschens Millionen von Menschen vom Lebensnotwendigen ausschließt; wenn die wirtschaftliche und technische Ungleichheit so stark ist, dass sie das Sozialgefüge zerreißt; und wenn die Abhängigkeit von einem unbegrenzten materiellen Fortschritt das gemeinsame Haus bedroht, dann können wir nicht einfach zusehen. Nein, das ist traurig. Wir können nicht einfach zusehen! Den Blick fest auf Christus gerichtet (vgl. *Hebr* 12,2) und mit der Gewissheit, dass seine Liebe durch die Gemeinschaft seiner Jünger wirkt, müssen wir alle gemeinsam handeln, in der Hoffnung, etwas anderes und Besseres hervorzubringen. Die christliche Hoffnung, die in Gott verwurzelt ist, ist unser Anker. Sie stützt den Willen zu teilen, indem sie unsere Sendung als Jünger Christi stärkt, der alles mit uns geteilt hat.

Und das verstanden die ersten christlichen Gemeinden, die wie wir schwierige Zeiten erlebt haben. Im Bewusstsein, ein Herz und eine Seele zu sein, hatten sie alle ihre Güter gemeinsam und bezeugten so die überreiche Gnade Christi, die auf ihnen ruhte (vgl. *Apg* 4,32-35). Wir leben in einer Krise. Die Pandemie hat uns alle in eine Krise gebracht. Aber denkt daran: Aus einer Krise kann man nicht genauso hervorgehen, wie man vorher war: Entweder wir gehen besser daraus hervor, oder wir gehen schlechter daraus hervor. Das ist unsere Option. Werden wir nach der Krise weitermachen mit diesem Wirtschaftssystem der sozialen Ungerechtigkeit und der Verachtung für die Bewahrung der Umwelt, der Schöpfung, des gemeinsamen Hauses? Denken wir darüber nach. Mögen die christlichen Gemeinden des 21. Jahrhunderts diese Wirklichkeit zurückerlangen – die Bewahrung der Schöpfung und die soziale Gerechtigkeit: sie gehören zusammen – und so Zeugnis geben von der Auferstehung des Herrn. Wenn wir Sorge tragen für die Güter, die der Schöpfer uns schenkt, wenn wir das zusammenlegen, was wir besitzen, so dass niemandem etwas fehlt, dann können wir wirklich Hoffnung wecken, um wieder eine gesündere und gerechtere Welt herzustellen.

Und denken wir abschließend an die Kinder. Lest die Statistiken: Wie viele Kinder sterben heute an Hunger aufgrund einer nicht guten Verteilung des Reichtums, aufgrund eines Wirtschaftssystems, wie ich es gerade geschildert habe? Und wie viele Kinder haben heute kein Recht auf den Schulbesuch, aus demselben Grund? Möge dieses Bild, das Bild der Kinder, die Not leiden aus Hunger und Bildungsmangel, uns helfen zu verstehen, dass wir aus dieser Krise besser hervorgehen müssen. Danke.

[1] Vgl. *Laudato si'*, 101.

[2] *Katechismus der Katholischen Kirche*, 2402.

[3] *Laudato si'*, 67.

[4] *Ebd.*

[5] *Ebd.*

[6] *Ebd.*

[7] *Katechismus der Katholischen Kirche*, 2402.

[8] *Gaudium et spes*, 69.

[9] *Katechismus der Katholischen Kirche*, 2404.

[10] *Ebd.*, 2406. Vgl. *Gaudium et spes* 71; Hl. Johannes Paul II., *Sollicitudo rei socialis*, 42; Enzyklika *Centesimus annus*, 40. 48.

[11] *Laudato si'*, 93. Vgl. Hl. Johannes Paul II., Enzyklika *Laborem exercens*, 19.

[12] »Florecemos en racimo, como los santos«: ein im Spanischen oft benutzter Ausdruck.

5. Die Solidarität und die Tugend des Glaubens

Damasushof
2. September 2020*

Liebe Brüder und Schwestern, guten Tag!

Nach vielen Monaten nehmen wir unsere Begegnung von Angesicht zu Angesicht wieder auf, und nicht von Bildschirm zu Bildschirm. Von Angesicht zu Angesicht. Das ist schön! Die gegenwärtige Pandemie hat unsere gegenseitige Abhängigkeit deutlich gemacht: Wir sind alle miteinander verbunden, die einen mit den anderen, sowohl im Schlechten als auch im Guten. Um besser aus dieser Krise herauszukommen, müssen wir dies also gemeinsam angehen. Gemeinsam, nicht alleine, gemeinsam. Alleine nicht, denn das geht nicht! Entweder macht man es gemeinsam, oder man macht es nicht. Wir müssen es gemeinsam tun, alle zusammen, in Solidarität. Dieses Wort möchte ich heute hervorheben: *Solidarität.*

Als Menschheitsfamilie haben wir unseren gemeinsamen Ursprung in Gott; wir bewohnen ein gemeinsames Haus – den Planeten, unseren »Garten« –, die Erde, auf die Gott uns gestellt hat; und wir haben eine gemeinsame Bestimmung in Christus. Aber wenn wir das alles vergessen, dann wird unsere gegenseitige Abhängigkeit zur Abhängigkeit einiger von anderen – wir verlieren die Harmonie der gegenseitigen Abhängigkeit in der Solidarität – und vermehrt Ungleichheit und Ausgrenzung; das Sozialgefüge wird geschwächt, und die Umwelt wird geschädigt. Es ist immer dasselbe Muster.

Daher ist das Prinzip der Solidarität heute so nötig wie nie zuvor, wie der heilige Johannes Paul II. gelehrt hat.[1] In einer vernetzten Welt erfahren wir, was es bedeutet, im selben »globalen Dorf« zu leben. Das ist ein schöner Ausdruck: Die große Welt ist nichts anderes als ein globales Dorf, weil alles miteinander verbunden ist. Wir verwandeln die gegenseitige Abhängigkeit jedoch nicht immer in Solidarität. Es ist ein langer Weg von der gegenseitigen Abhängigkeit zur Solidarität. Die Egoismen – individuelle, nationale, machtpolitischen Egoismen – und ideologische Starrheit nähren im Gegensatz dazu »Strukturen der Sünde«.[2]

»Das Wort ›Solidarität‹ hat sich ein wenig abgenutzt und wird manchmal falsch interpretiert, doch es bezeichnet viel mehr als einige gelegentliche großherzige Taten. Es erfordert, eine neue

* http://www.vatican.va/content/francesco/de/audiences/2020/documents/papa-francesco_20200902_udienza-generale.html

Mentalität zu schaffen, die in den Begriffen der Gemeinschaft und des Vorrangs des Lebens aller gegenüber der Aneignung der Güter durch einige wenige denkt«.[3] Das bedeutet Solidarität. Es geht nicht nur darum, den anderen zu helfen – es ist gut, das zu tun, aber es ist mehr –, sondern es geht um Gerechtigkeit.[4] Um solidarisch zu sein und Frucht zu tragen, braucht die gegenseitige Abhängigkeit starke Wurzeln im Menschen und in der von Gott geschaffenen Natur. Sie braucht die Achtung der Gesichter und der Erde.

Die Bibel warnt uns von Anfang an. Denken wir an die Erzählung vom Turmbau zu Babel (vgl. *Gen* 11,1-9), die beschreibt, was geschieht, wenn wir versuchen, bis zum Himmel – unser Ziel – zu gelangen und dabei die Verbindung mit dem Menschen, mit der Schöpfung und mit dem Schöpfer außer Acht lassen. Das soll heißen: Es geschieht immer dann, wenn man immer weiter aufsteigen will, ohne die anderen zu berücksichtigen. Ich allein! Denken wir an den Turm. Wir konstruieren Türme und Wolkenkratzer, aber wir zerstören die Gemeinschaft. Wir vereinen Gebäude und Sprachen, aber wir vernichten den kulturellen Reichtum. Wir wollen Herren über die Erde sein, aber wir zerstören die Biodiversität und das ökologische Gleichgewicht. Ich habe euch in einer anderen Audienz von jenen Fischern in San Benedetto del Tronto erzählt, die in diesem Jahr gekommen sind und zu mir gesagt haben: »Wir haben 24 Tonnen Müll aus dem Meer entfernt, und die Hälfte davon war Plastik.« Denkt nur! Sie haben die Gabe, Fische zu fangen, ja, aber auch, den Müll aufzufischen und ihn zu entfernen, um das Meer zu säubern. Aber diese [Verschmutzung] bedeutet, die Erde zu zerstören, keine Solidarität zu haben mit der Erde, die ein Geschenk ist, und das ökologische Gleichgewicht.

Ich erinnere mich an eine mittelalterliche Erzählung, die dieses »Babel-Syndrom« beschreibt, das dann auftritt, wenn keine Solidarität vorhanden ist. In dieser mittelalterlichen Erzählung heißt es, dass beim Bau eines Turms, wenn ein Mann herunterfiel – es waren Sklaven – und starb, niemand etwas sagte, höchstens: »Der Ärmste, er hat einen Fehler gemacht und ist heruntergefallen.« Wenn jedoch ein Ziegel herunterfiel, dann klagten alle darüber. Und wenn jemand schuld daran war, wurde er bestraft! Warum? Weil es teuer war, einen Ziegel zu machen, herzustellen, zu brennen. Es brauchte Zeit und Arbeit, um einen Ziegel herzustellen. Ein Ziegel war mehr wert als das menschliche Leben. Jeder von uns möge darüber nachdenken, was heute geschieht. Leider kann auch heute so etwas geschehen. Es fällt irgendeine Quote auf dem Finanzmarkt – wir haben es in diesen Tagen in den Zeitungen gesehen –, und die Nachricht ist in allen Agenturen. Es sterben Tausende von Menschen aufgrund von Hunger und Elend, und keiner spricht darüber.

Im Gegensatz zu Babel steht das Pfingstereignis, wir haben zu Beginn der Audienz davon gehört (vgl. *Apg* 2,1-3). Der Heilige Geist kommt vom Himmel her wie Sturm und Feuer, das auf die im Abendmahlssaal eingeschlossene Gemeinschaft niedergeht, gießt ihr die Kraft Gottes ein, drängt sie hinauszugehen, um allen Jesus, den Herrn, zu verkündigen. Der Geist schafft die Einheit in der Vielfalt, er schafft die Harmonie. In der Erzählung vom Turmbau zu Babel gibt es keine Harmonie; man machte weiter, um Geld zu verdienen. Dort war der Mensch ein reines Werkzeug, reine »Arbeitskraft«, aber hier, beim Pfingstereignis, ist jeder von uns ein Werkzeug, aber ein gemeinschaftliches Werkzeug, das mit seinem ganzen Selbst am Bau der Gemeinschaft teilnimmt. Der heilige Franz von Assisi wusste das gut, und beseelt vom Heiligen Geist nannte er alle Menschen, ja alle Geschöpfe »Bruder« oder »Schwester«.[5] Auch Bruder Wolf, denken wir daran.

Durch das Pfingstereignis wird Gott gegenwärtig und inspiriert den *Glauben* der Gemeinschaft, die in Vielfalt und Solidarität vereint ist. Vielfalt und Solidarität in Harmonie vereint, das ist der Weg. Eine solidarische Vielfalt besitzt die »Antikörper«, damit die Einzigkeit eines jeden – der ein einzigartiges und unwiederholbares Geschenk ist – nicht an Individualismus, an Egoismus erkrankt. Die solidarische Vielfalt besitzt auch die Antikörper, um gesellschaftliche Strukturen und Prozesse zu heilen, die zu Systemen der Ungerechtigkeit, zu Systemen der Unterdrückung degeneriert sind.[6] Die Solidarität ist heute also der Weg, der beschritten werden muss auf eine nachpandemische Welt hin, auf eine Heilung unserer zwischenmenschlichen und sozialen Krankheiten hin. Es gibt keinen anderen. Entweder gehen wir voran auf dem Weg der Solidarität, oder die Dinge werden sich verschlechtern. Ich möchte es wiederholen: Aus einer Krise geht man nicht genauso hervor, wie man früher war. Die Pandemie ist eine Krise. Aus einer Krise geht man entweder besser oder schlechter hervor. Wir müssen wählen. Und die Solidarität ist ein Weg, um besser aus der Krise herauszukommen – nicht mit oberflächlichen Veränderungen, mit einem Anstrich, und alles ist in Ordnung. Nein. Besser!

Inmitten der Krise gestattet uns eine vom *Glauben* geleitete *Solidarität*, die Liebe Gottes in unserer globalisierten Kultur umzusetzen, nicht indem wir Türme oder Mauern bauen – und wie viele Mauern werden heute gebaut! –, die trennen, aber dann einstürzen, sondern indem wir Gemeinschaften knüpfen und Prozesse eines wirklich menschlichen und soliden Wachstums fördern. Und dabei hilft die Solidarität. Ich stelle eine Frage: Denke ich darüber nach, was die anderen brauchen? Jeder möge in seinem Herzen antworten.

Inmitten von Krisen und Stürmen appelliert der Herr an uns und lädt uns ein, die Solidarität neu zu erwecken, die in der Lage ist, Solidität und Unterstützung zu schenken und diesen Stunden, in denen alles Schiffbruch zu erleiden scheint, einen Sinn zu geben. Möge die Kreativität des Heiligen Geistes uns ermutigen, neue Formen familiärer Gastfreundschaft, fruchtbarer Geschwisterlichkeit und universaler Solidarität zu entwickeln. Danke.

1 Vgl. *Sollicitudo rei socialis*, 38-40.

2 *Ebd.*, 36.

3 *Evangelii gaudium*, 188.

4 Vgl. *Katechismus der Katholischen Kirche*, 1938-1940.

5 Vgl. *Laudato si'*, 11; vgl. Hl. Bonaventura, *Legenda maior*, VIII, 6: *Franziskus-Quellen*, 1145.

6 Vgl. *Kompendium der Soziallehre der Kirche*, 192.

6. Die Liebe und das Gemeinwohl

Damasushof
9. September 2020*

Liebe Brüder und Schwestern, guten Tag!

Die Krise, die wir aufgrund der Pandemie erleben, betrifft alle. Wir können besser daraus hervorgehen, wenn wir alle gemeinsam nach dem *Gemeinwohl* streben; andernfalls werden wir schlechter daraus hervorgehen. Leider erleben wir, dass Eigennutz zutage tritt. Es gibt zum Beispiel Menschen, die sich – wie im Fall der Impfstoffe – mögliche Lösungen zu eigen machen und sie den anderen dann verkaufen wollen. Andere nutzen die Situation aus, um Spaltungen zu fördern: um wirtschaftliche oder politische Vorteile zu erlangen, indem Konflikte erzeugt oder geschürt werden. Andere interessieren sich einfach nicht für das Leiden anderer, gehen vorüber und gehen ihre eigenen Wege (vgl. *Lk* 10,30-32). Sie huldigen gleichsam Pontius Pilatus; sie waschen sich die Hände.

Die christliche Antwort auf die Pandemie und auf die daraus folgenden sozialen und wirtschaftlichen Krisen gründet auf der Liebe, vor allem auf der Liebe Gottes, die uns stets vorausgeht (vgl. *1 Joh* 4,19). Er liebt uns zuerst, er geht uns stets voraus in der Liebe und in den Lösungen. Er liebt uns bedingungslos, und wenn wir diese göttliche Liebe annehmen, dann können wir auf ähnliche Weise antworten. Ich liebe nicht nur den, der mich liebt – meine Familie, meine Freunde, meine Gruppe –, sondern auch jene, die mich nicht lieben. Ich liebe auch jene, die mich nicht kennen; ich liebe auch jene, die Fremde sind, und auch jene, die mir Leid zufügen oder die ich als Feinde betrachte (vgl. *Mt* 5,44). Das ist die christliche Weisheit, das ist die Haltung Jesu. Und der höchste Punkt der Heiligkeit, um es so auszudrücken, ist die Feindesliebe, und sie ist nicht einfach. Gewiss, alle zu lieben, einschließlich der Feinde, ist schwierig – ich würde sagen, es ist eine Kunst! Jedoch eine Kunst, die man lernen und in der man sich verbessern kann. Die wahre Liebe, die uns fruchtbar und frei macht, ist immer expansiv und inklusiv. Diese Liebe ist fürsorglich, heilt und tut gut. Oft ist eine Liebkosung besser als viele Argumente, eine verzeihende Liebkosung statt vieler Argumente zur eigenen Verteidigung. Die inklusive Liebe ist es, die heilt.

Die *Liebe* beschränkt sich also nicht auf die Beziehungen zwischen zwei oder drei Personen oder auf die Freunde oder die Familie. Sie geht darüber hinaus. Sie schließt die bürgerlichen und politischen Beziehungen ein,[1] einschließlich der Beziehung zur Natur.[2] Wir wissen, dass die Liebe

* http://www.vatican.va/content/francesco/de/audiences/2020/documents/papa-francesco_20200909_udienza-generale.html

die Familien und die Freundschaften befruchtet; aber es ist gut, daran zu denken, dass sie auch die gesellschaftlichen, kulturellen, wirtschaftlichen und politischen Beziehungen befruchtet und uns gestattet, eine »Zivilisation der Liebe« aufzubauen, wie der heilige Paul VI.[3] und in seiner Nachfolge der heilige Johannes Paul II. gerne sagte. Ohne diese Inspiration herrscht die Kultur des Egoismus, der Gleichgültigkeit, die Wegwerfkultur: also wegwerfen, was ich nicht gernhabe, was ich nicht lieben kann, oder den, der mir in der Gesellschaft nutzlos erscheint. Als ich heute hereinkam, hat ein Paar zu mir gesagt: »Beten Sie für uns; wir haben einen behinderten Sohn.« Ich habe gefragt: »Wie alt ist er?« – »Schon ziemlich alt.« – »Und was tut ihr?« – »Wir begleiten ihn, wir helfen ihm.« Ein ganzes Elternleben für diesen behinderten Sohn. Das ist Liebe. Und die Feinde, die politischen Gegner scheinen unserer Meinung nach politisch und sozial unfähig zu sein; das scheint jedoch nur so. Nur Gott weiß, ob sie es sind oder nicht. Wir müssen sie jedoch lieben, wir müssen miteinander sprechen, wir müssen diese Zivilisation der Liebe aufbauen, diese politische, gesellschaftliche Zivilisation der Einheit der gesamten Menschheit. Das alles ist das Gegenteil von Kriegen, Spaltungen, Neid, auch der Kriege in den Familien. Die inklusive Liebe ist sozial, ist familiär, ist politisch; die Liebe durchdringt alles!

Das Coronavirus zeigt uns, dass das wahre Gut für jeden ein Gemeinwohl und nicht nur individuell ist, und dass umgekehrt das Gemeinwohl ein wahres Wohl für die Person ist.[4] Wenn jemand nur nach dem eigenen Wohl strebt, ist er ein Egoist. Die Person ist dagegen mehr Person, wenn sie ihr eigenes Gut für alle öffnet, es teilt. Die Gesundheit ist nicht nur individuell, sondern auch ein öffentliches Gut. Eine gesunde Gesellschaft ist jene, die für die Gesundheit aller Sorge trägt.

Einem Virus, das keine Barrieren, Grenzen oder kulturelle und politische Unterschiede kennt, muss mit einer *Liebe* ohne Barrieren, Grenzen oder Unterschiede begegnet werden. Diese Liebe kann Sozialstrukturen hervorbringen, die uns ermutigen, zu teilen statt zu konkurrieren, die uns gestatten, die Schwächeren einzuschließen, statt sie auszugrenzen, und die uns helfen, das Beste und nicht das Schlechteste unserer menschlichen Natur zum Ausdruck zu bringen. Die wahre Liebe kennt die Wegwerfkultur nicht, sie weiß nicht, was das ist. Denn wenn wir Kreativität lieben und schaffen, wenn wir Vertrauen und Solidarität schaffen, dann entstehen daraus konkrete Initiativen für das Gemeinwohl.[5] Und das gilt sowohl auf der Ebene der kleinen und großen Gemeinschaften als auch auf internationaler Ebene. Was man in der Familie tut, was man im Stadtviertel tut, was man im Dorf tut, was man in der großen Stadt und international tut, ist dasselbe: Es ist derselbe Same, der wächst und Frucht bringt. Wenn du in der Familie, im Stadtviertel mit Neid, mit Kampf beginnst, dann wird am Ende »Krieg« herrschen. Wenn du dagegen mit der Liebe beginnst, mit dem Teilen der Liebe, der Vergebung, dann wird Liebe und Vergebung für alle herrschen.

Wenn dagegen die Lösungen für die Pandemie von Egoismus geprägt sind – sei es durch Personen, Unternehmen oder Nationen – dann können wir vielleicht aus dem Coronavirus herauskommen, aber gewiss nicht aus der menschlichen und gesellschaftlichen Krise, die das Virus deutlich gemacht und verschärft hat. Gebt also acht, dass ihr nicht auf Sand baut (vgl. *Mt* 7,21-27)! Um eine menschliche, inklusive, gerechte und friedliche Gesellschaft aufzubauen, müssen wir dies auf dem Felsen des Gemeinwohls tun.[6] Das Gemeinwohl ist ein Felsen. Und das ist unser aller Aufgabe, nicht nur die irgendwelcher Spezialisten. Der heilige Thomas von Aquin hat gesagt, dass die Förderung des Gemeinwohls eine Pflicht der Gerechtigkeit ist, die auf jeden

Bürger zurückfällt. Jeder Bürger ist für das Gemeinwohl verantwortlich. Und für die Christen ist es auch eine Sendung. Der heilige Ignatius von Loyola lehrt, dass die Ausrichtung der täglichen Mühen auf das Gemeinwohl eine Art ist, die Ehre Gottes zu empfangen und zu verbreiten.

Leider genießt die Politik oft keinen guten Ruf, und wir wissen, warum. Das heißt nicht, dass die Politiker alle schlecht sind, nein, das will ich nicht sagen. Ich sage nur, dass die Politik oft keinen guten Ruf genießt. Man darf jedoch nicht vor dieser negativen Sichtweise kapitulieren, sondern muss reagieren, indem man durch Taten zeigt, dass eine gute Politik möglich, ja sogar geschuldet ist:[7] jene Politik, die den Menschen und das Gemeinwohl in den Mittelpunkt stellt. Wenn ihr die Geschichte der Menschheit lest, dann begegnet ihr vielen heiligen Politikern, die diesen Weg gegangen sind. Es ist möglich in dem Maße, in dem jeder Bürger und insbesondere jener, der gesellschaftliche und politische Verpflichtungen und Aufgaben übernimmt, das eigene Handeln in den ethischen Prinzipien verankert und es mit sozialer und politischer Liebe beseelt. Die Christen, insbesondere die gläubigen Laien, sind aufgerufen, ein gutes Zeugnis davon abzulegen, und sie können es tun durch die Tugend der Nächstenliebe, indem sie die ihr innewohnende soziale Dimension pflegen.

Es ist also an der Zeit, unsere soziale Liebe zu mehren – ich möchte das unterstreichen: unsere soziale Liebe –, indem wir alle dazu beitragen, begonnen bei unserer Geringheit. Das Gemeinwohl verlangt die Beteiligung aller. Wenn jeder einen Beitrag leistet, und wenn keiner ausgeschlossen wird, dann können wir wieder gute Beziehungen schaffen, auf gemeinschaftlicher, nationaler, internationaler Ebene und auch in Harmonie mit der Umwelt (vgl. *Ls*, 236). So wird in unseren Gesten, auch in den einfachsten, etwas sichtbar werden von dem Abbild Gottes, das wir in uns tragen, denn Gott ist Dreifaltigkeit, Gott ist Liebe. Das ist die schönste Definition Gottes in der Bibel. Sie wird uns geschenkt vom Apostel Johannes, der Jesus sehr geliebt hat: Gott ist Liebe. Mit seiner Hilfe können wir die Welt heilen, indem wir alle gemeinsam für das Gemeinwohl arbeiten, nicht nur für das eigene Wohl, sondern für das Gemeinwohl, das Wohl aller.

[1] Vgl. *Katechismus der Katholischen Kirche*, 1907-1912.

[2] *Laudato si'*, 231.

[3] *Botschaft zur Feier des 10. Weltfriedenstages*, 1. Januar 1977.

[4] Vgl. *Katechismus der Katholischen Kirche*, 1905-1906.

[5] Vgl. Hl. Johannes Paul II., *Sollicitudo rei socialis*, 38.

[6] Vgl. *ebd.*, 10.

[7] Vgl. *Botschaft zum Weltfriedenstag*, 1. Januar 2019.

7. Die Sorge um das gemeinsame Haus und eine kontemplative Haltung

Damasushof
16. September 2020*

Liebe Brüder und Schwestern, guten Tag!

Um aus einer Pandemie herauszukommen, muss man für sich selbst und füreinander Sorge tragen. Und man muss jene unterstützen, die für schwache, kranke und alte Menschen Sorge tragen. Es gibt die Gewohnheit, die alten Menschen zu vernachlässigen, allein zu lassen: Das ist schlimm. Diese Menschen – eine gute Bezeichnung für sie ist der spanische Begriff »cuidadores«: jene, die für die Kranken Sorge tragen – spielen in der heutigen Gesellschaft eine wesentliche Rolle, auch wenn sie oft nicht die Anerkennung und den Lohn erhalten, die sie verdienen. Das Sorgetragen ist eine goldene Regel unseres Menschseins, und es bringt Gesundheit und Hoffnung mit sich.[1] Sorge zu tragen für jene, die krank sind, die in Not sind, die vernachlässigt werden: Das ist ein menschlicher und auch christlicher Reichtum.

Diese Sorge müssen wir auch unserem gemeinsamen Haus angedeihen lassen: der Erde und jedem Geschöpf. Alle Formen des Lebens sind miteinander verbunden,[2] und unsere Gesundheit hängt von der Gesundheit der Ökosysteme ab, die Gott geschaffen hat und die zu hüten er uns aufgetragen hat (vgl. *Gen* 2,15). Sie auszubeuten ist dagegen eine schwere Sünde, die zerstört, die Schaden zufügt und krank macht.[3] Das beste Gegenmittel gegen diesen Missbrauch unseres gemeinsamen Hauses ist die kontemplative Betrachtung.[4] Aber wieso? Gibt es keinen Impfstoff dafür, für die Sorge um das gemeinsame Haus, um es nicht zu vernachlässigen? Was ist das Gegenmittel gegen die Krankheit, für das gemeinsame Haus nicht Sorge zu tragen? Es ist die kontemplative Betrachtung. »Wenn jemand nicht lernt innezuhalten, um das Schöne wahrzunehmen und zu würdigen, ist es nicht verwunderlich, dass sich für ihn alles in einen Gegenstand verwandelt, den er gebrauchen oder skrupellos missbrauchen kann.«[5] Auch in einen »Wegwerfgegenstand«. Unser gemeinsames Haus, die Schöpfung, ist jedoch nicht nur eine reine »Ressource«. Die Geschöpfe haben einen Wert an sich und »spiegeln in ihrem gottgewollten Eigensein, jedes auf seine Art, einen Strahl der unendlichen Weisheit und Güte Gottes wider.«[6] Dieser Wert und dieser göttliche Lichtstrahl muss entdeckt werden, und um ihn zu entdecken, müssen wir schweigen, müssen wir hören, müssen wir kontemplativ betrachten. Auch die Kontemplation heilt die Seele.

Ohne Kontemplation gerät man leicht in einen unausgewogenen und hochmütigen Anthropozentrismus, der unsere Rolle als Menschen überdimensioniert und uns als absolute Herrscher über alle ande-

* http://www.vatican.va/content/francesco/de/audiences/2020/documents/papa-francesco_20200916_udienza-generale.html

ren Geschöpfe positioniert. Eine verzerrte Auslegung der biblischen Texte über die Schöpfung hat beigetragen zu diesem falschen Blick, der dazu führt, die Erde bis zum Ersticken auszubeuten. Die Schöpfung auszubeuten: Das ist die Sünde. Wir glauben, im Mittelpunkt zu stehen, maßen uns an, Gottes Platz einzunehmen, und zerstören so die Harmonie der Schöpfung, die Harmonie des Planes Gottes. Wir werden zu Räubern und vergessen unsere Berufung als Hüter des Lebens. Gewiss können und müssen wir die Erde bearbeiten, um zu leben und uns zu entwickeln. Die Arbeit ist jedoch nicht gleichbedeutend mit Ausbeutung, und sie ist stets von Fürsorge begleitet: pflügen und schützen, bearbeiten und Sorge tragen... Das ist unsere Sendung (vgl. *Gen* 2,15). Wir können nicht den Anspruch erheben, auf materieller Ebene weiter zu wachsen, ohne Sorge zu tragen für das gemeinsame Haus, das uns aufnimmt. Unsere ärmeren Geschwister und unsere Mutter Erde seufzen aufgrund des Schadens und der Ungerechtigkeit, die wir hervorgerufen haben, und fordern einen anderen Kurs. Sie fordern von uns eine Umkehr, eine Wegänderung: Sorge zu tragen auch für die Erde, die Schöpfung.

Es ist daher wichtig, die kontemplative Dimension zurückzuerlangen, also die Erde, die Schöpfung als Geschenk zu betrachten und nicht als etwas, das für den Profit ausgebeutet werden kann. Durch die kontemplative Betrachtung entdecken wir in den anderen und in der Natur etwas viel Größeres als ihren Nutzen. Hier liegt der Kern des Problems: Kontemplativ betrachten bedeutet, über den Nutzen einer Sache hinauszugehen. Das Schöne kontemplativ zu betrachten bedeutet nicht, es auszubeuten: Kontemplation ist Unentgeltlichkeit. Wir entdecken den inneren Wert der Dinge, der ihnen von Gott verliehen wurde. Wie viele Meister des geistlichen Lebens gelehrt haben, besitzt der Himmel, die Erde, das Meer, jedes Geschöpf diese ikonische Fähigkeit, diese mystische Fähigkeit, uns zum Schöpfer und zur Gemeinschaft mit der Schöpfung zurückzuführen. Der heilige Ignatius von Loyola lädt uns am Ende seiner Geistlichen Übungen zum Beispiel ein zur »Betrachtung, um Liebe zu erlangen«, also darüber nachzudenken, wie Gott seine Geschöpfe anschaut, und sich mit ihnen zu freuen; die Gegenwart Gottes in seinen Geschöpfen zu entdecken und sie in Freiheit und Gnade zu lieben und für sie Sorge zu tragen.

Die Kontemplation, die uns zu einer fürsorglichen Haltung führt, bedeutet nicht, die Natur von außen zu betrachten, so als wären wir nicht darin eingebunden. Wir sind jedoch in der Natur, wir sind Teil der Natur. Man macht es vielmehr von innen her, indem wir uns als Teil der Schöpfung erkennen und zu Protagonisten und nicht reinen Zuschauern einer formlosen Wirklichkeit werden, bei der es nur darum geht, sie auszubeuten. Wer auf diese Weise kontemplativ betrachtet, empfindet Staunen nicht nur über das, was er sieht, sondern auch, weil er sich als fester Bestandteil dieser Schönheit fühlt; und er fühlt sich auch aufgerufen, sie zu hüten, sie zu schützen. Und Eines dürfen wir nicht vergessen: Wer die Natur und die Schöpfung nicht kontemplativ zu betrachten weiß, der weiß die Menschen in ihrem Reichtum nicht kontemplativ zu betrachten. Und wer dafür lebt, die Natur auszubeuten, der beutet am Ende die Menschen aus und behandelt sie wie Sklaven. Das ist ein allgemeines Gesetz: Wenn du es nicht verstehst, die Natur kontemplativ zu betrachten, dann wirst du schwerlich die Menschen, die Schönheit der Personen, den Bruder, die Schwester kontemplativ betrachten können.

Wer kontemplativ zu betrachten weiß, wird sich ans Werk machen, um das zu ändern, was Zerstörung und Schäden an der Gesundheit hervorruft. Er bemüht sich, zu neuen Produktions- und Konsumgewohnheiten zu erziehen und diese zu fördern, zu einem neuen Modell wirtschaftlichen Wachstums beizutragen, das die Achtung des gemeinsamen Hauses und die Achtung der Menschen garantiert. Der Kontemplative in Aktion neigt dazu, Hüter der Umwelt zu werden: Das ist schön! Jeder von uns muss Hüter der Umwelt, der Reinheit der Umwelt werden und versuchen, das Wissen der Vorfahren jahrtausendealter Kulturen mit neuen technischen Kenntnissen zu verbinden, damit unser Lebensstil stets nachhaltig sei.

Kontemplativ betrachten und Sorge tragen: Das sind letztlich die beiden Haltungen, die den Weg aufzeigen, um unser Verhältnis als Menschen zur Schöpfung zu korrigieren und wieder ins Gleichgewicht zu bringen. Oft scheint unser Verhältnis zur Schöpfung ein feindseliges Verhältnis zu sein: die Schöpfung zerstören zu meinem Vorteil; die Schöpfung ausbeuten zu meinem Vorteil. Vergessen wir nicht, dass man das teuer bezahlt; vergessen wir nicht jenes spanische Sprichwort: »Gott vergibt immer; wir vergeben manchmal; die Natur vergibt nie.« Heute habe ich in der Zeitung von jenen beiden großen Gletschern der Antarktis gelesen, in der Nähe der Amundsensee: Sie drohen zu kollabieren. Es wird schrecklich sein, weil der Meeresspiegel ansteigen wird, und das wird viele, viele Schwierigkeiten und viel Leid mit sich bringen. Und warum? Aufgrund der Erderwärmung, weil man keine Sorge für die Umwelt trägt, weil man keine Sorge für das gemeinsame Haus trägt. Wenn wir jedoch dieses – ich erlaube mir das Wort – »brüderliche« Verhältnis, im übertragenen Sinne, zur Schöpfung haben, dann werden wir zu Hütern des gemeinsamen Hauses, zu Hütern des Lebens und Hütern der Hoffnung. Dann werden wir das Erbe behüten, das Gott uns anvertraut hat, damit die zukünftigen Generationen es genießen können. Und jemand könnte sagen: »Ach, ich ziehe mich schon so aus der Affäre.« Das Problem ist jedoch nicht, wie du dich heute aus der Affäre ziehst – das hat ein deutscher Theologe gesagt, ein Protestant, ein guter Mann: Bonhoeffer – sondern das Problem ist: Was wird das Erbe, das Leben der zukünftigen Generation sein? Denken wir an die Kinder, die Enkel: Was sollen wir ihnen hinterlassen, wenn wir die Schöpfung ausbeuten? Bewahren wir diesen Weg, so werden wir zu »Bewahrern« des gemeinsamen Hauses, zu Bewahrern des Lebens und der Hoffnung. Bewahren wir das Gut, das Gott uns anvertraut hat, damit die zukünftigen Generationen es genießen können. Ich denke insbesondere an die indigenen Völker, denen gegenüber wir alle in der Schuld stehen, was die Anerkennung betrifft – auch was die Buße betrifft, um das Böse wiedergutzumachen, das wir ihnen angetan haben. Aber ich denke auch an jene Bewegungen, Vereinigungen, Bürgergruppen, die sich dafür einsetzen, das eigene Gebiet mit seinen natürlichen und kulturellen Werten zu schützen. Nicht immer wird diesen gesellschaftlichen Wirklichkeiten Wertschätzung entgegengebracht, manchmal werden sie sogar behindert, weil sie kein Geld produzieren; in Wirklichkeit aber tragen sie zu einer friedlichen Revolution bei. Man könnte sie als »Revolution der Fürsorge« bezeichnen. Kontemplativ betrachten, um zu heilen, kontemplativ betrachten, um zu bewahren – uns, die Schöpfung, unsere Kinder, unsere Enkel zu bewahren und die Zukunft zu bewahren. Kontemplativ betrachten, um Sorge zu tragen und um zu bewahren und um der zukünftigen Generation ein Erbe zu hinterlassen.

Man darf es jedoch nicht an einige delegieren: das, was die Aufgabe eines jeden Menschen ist. Jeder von uns kann und muss ein »Hüter des gemeinsamen Hauses« werden, der in der Lage ist, Gott zu loben für seine Geschöpfe, die Geschöpfe kontemplativ zu betrachten und sie zu schützen.

[1] Vgl. *Laudato si'*, 70.
[2] Vgl. *ebd.*, 137-138.
[3] Vgl. *Laudato si'*, 8; 66.
[4] Vgl. *ebd.*, 85; 214.
[5] *Ebd.*, 215.
[6] *Katechismus der Katholischen Kirche*, 339.

8. Die Subsidiarität und die Tugend der Hoffnung

Damasushof
23. September 2020*

Liebe Brüder und Schwestern,

das Wetter scheint nicht sehr gut zu sein, aber ich sage trotzdem zu euch: guten Tag!

Um aus einer Krise wie der derzeitigen, die eine gesundheitliche und zugleich eine soziale, politische und wirtschaftliche Krise ist, besser herauszukommen, ist jeder von uns aufgerufen, seinen Teil der Verantwortung zu übernehmen, also die Verantwortung miteinander zu teilen. Wir müssen nicht nur als Einzelpersonen antworten, sondern auch von unserer Zugehörigkeitsgruppe her, von der Rolle her, die wir in der Gesellschaft haben, von unseren Prinzipien her und, wenn wir gläubig sind, vom Glauben an Gott her. Oft können jedoch viele Menschen nicht am Wiederaufbau des Gemeinwohls mitwirken, weil sie ausgegrenzt, ausgeschlossen sind oder übersehen werden; bestimmte Gesellschaftsgruppen können nicht dazu beitragen, weil sie wirtschaftlich oder politisch unterdrückt sind. In einigen Gesellschaften sind viele Menschen nicht frei, ihren Glauben und ihre Werte, ihre Ideen zum Ausdruck zu bringen: Wenn sie sie zum Ausdruck bringen, kommen sie ins Gefängnis. Anderswo, besonders in der westlichen Welt, unterdrücken viele ihre ethischen oder religiösen Überzeugungen selbst. So kann man jedoch nicht aus der Krise herauskommen, oder man kann jedenfalls nicht besser aus ihr hervorgehen. Wir werden schlechter aus ihr hervorgehen.

Damit wir alle an der Sorge um unsere Völker und an ihrer Erneuerung teilhaben können, muss jeder angemessene Ressourcen haben, um dies zu tun.[1] Nach der großen Wirtschaftskrise des Jahres 1929 erklärte Papst Pius XI., wie wichtig für einen wahren Wiederaufbau das *Subsidiaritätsprinzip* ist.[2] Dieses Prinzip hat eine zweifache Dynamik: von oben nach unten und von unten nach oben. Vielleicht verstehen wir nicht, was das bedeutet, aber es ist ein gesellschaftliches Prinzip, das uns stärker vereint.

Einerseits, und vor allem in Zeiten des Wandels, wenn die Einzelpersonen, die Familien, die kleinen Verbände oder die Ortsgemeinschaften nicht in der Lage sind, die wichtigsten Ziele zu erreichen, dann ist es richtig, dass die höheren Ebenen des Sozialkörpers, wie der Staat, eingreifen, um die notwendigen Ressourcen zu liefern, um voranzugehen.

* http://www.vatican.va/content/francesco/de/audiences/2020/documents/papa-francesco_20200923_udienza-generale.html

Zum Beispiel befanden sich – und befinden sich noch immer – viele Menschen, Familien und wirtschaftliche Unternehmen aufgrund des »Lockdowns« wegen des Coronavirus in großen Schwierigkeiten; daher versuchen die öffentlichen Einrichtungen, mit angemessenen Maßnahmen im sozialen und wirtschaftlichen Bereich sowie im Gesundheitswesen zu helfen: Das ist ihre Aufgabe, das müssen sie tun.

Andererseits müssen die Spitzen der Gesellschaft jedoch die mittleren und unteren Ebenen respektieren und fördern. Tatsächlich ist der Beitrag der Einzelpersonen, der Familien, der Verbände, der Unternehmen, aller kleineren Gemeinwesen und auch der Kirchen entscheidend. Mit ihren kulturellen, religiösen, wirtschaftlichen Ressourcen sowie ihrer Beteiligung am bürgerlichen Leben beleben und stärken sie den Sozialkörper.[3] Es gibt also eine Zusammenarbeit von oben nach unten, vom Zentralstaat zum Volk, und von unten nach oben: von den Gruppierungen des Volkes nach oben. Und genau das ist die Anwendung des Subsidiaritätsprinzips.

Jeder muss die Möglichkeit haben, in den Heilungsprozessen der Gesellschaft, zu der er gehört, die eigene Verantwortung zu übernehmen. Wenn irgendein Projekt umgesetzt wird, das direkt oder indirekt bestimmte gesellschaftliche Gruppen betrifft, dann können diese nicht von der Beteiligung ausgeschlossen werden. Zum Beispiel: »Was tust du?« – »Ich bin für die Armen tätig« – »Schön, und was tust du?« – »Ich lehre die Armen, ich sage den Armen, was sie tun sollen.« Nein, das geht nicht; der erste Schritt besteht darin, dass du dir von den Armen sagen lässt, wie sie leben, was sie brauchen: Man muss alle reden lassen! Und so funktioniert das Subsidiaritätsprinzip. Wir können diese Menschen nicht von der Beteiligung ausschließen; ihre Weisheit, die Weisheit der einfachsten Gruppen darf nicht ausgeschlossen werden.[4] Leider findet diese Ungerechtigkeit oft dort statt, wo große wirtschaftliche oder geopolitische Interessen sich konzentrieren, wie zum Beispiel bei der Förderung von Mineralien in einigen Gebieten des Planeten.[5] Die Stimmen der indigenen Völker, ihre Kulturen und Weltanschauungen werden nicht berücksichtigt. Heute ist diese mangelnde Achtung des Subsidiaritätsprinzips wie ein Virus verbreitet. Denken wir an die großen Maßnahmen zur Finanzhilfe, die von den Staaten durchgeführt werden. Man hört mehr auf die großen Finanzgesellschaften als auf die Menschen oder jene, die die reale Wirtschaft bewegen. Man hört mehr auf multinationale Konzerne als auf soziale Bewegungen. Um es in der Sprache des einfachen Mannes zu sagen: Man hört mehr auf die Mächtigen als auf die Schwachen, und das ist nicht der Weg, es ist nicht der menschliche Weg, es ist nicht der Weg, den Jesus uns gelehrt hat, es ist nicht die Anwendung des Subsidiaritätsprinzips. So lassen wir die Menschen nicht zu »Protagonisten ihrer Erlösung« werden.[6] Im kollektiven Unterbewusstsein einiger Politiker und einiger Gewerkschafter ist folgendes Motto vorhanden: alles für das Volk, nichts mit dem Volk. Von oben nach unten, aber ohne auf die Weisheit des Volkes zu hören, ohne diese Weisheit bei der Problemlösung – in diesem Fall das Herauskommen aus der Krise – anzuwenden. Oder denken wir auch an das Heilmittel gegen das Virus: Man hört mehr auf die großen pharmazeutischen Konzerne als auf die Mitarbeiter im Gesundheitswesen, die in den Krankenhäusern oder in Flüchtlingslagern an vorderster Front stehen. Das ist kein guter Weg. Alle müssen gehört werden: die, die oben stehen, und die, die unten stehen, alle.

Um besser aus einer Krise herauszukommen, muss das *Subsidiaritätsprinzip* angewandt werden, indem man die Autonomie und die Fähigkeit zur Eigeninitiative aller achtet, besonders der Geringsten. Alle Teile eines Leibes sind notwendig und, wie der heilige Paulus sagt, gerade die schwächer und weniger wichtig scheinenden Glieder sind in Wirklichkeit unentbehrlich (vgl. 1*Kor* 12,22). Im Licht dieses Bildes können wir sagen, dass das Subsidiaritätsprinzip jedem gestattet, die eigene Rolle für die Sorge und das Schicksal der Gesellschaft zu übernehmen. Es anzuwenden, das Subsidiaritätsprinzip anzuwenden, gibt Hoffnung, gibt Hoffnung auf eine gesündere und gerechtere Zukunft; und diese Zukunft bauen wir gemeinsam auf, indem wir nach den größeren Dingen streben und unsere Horizonte erweitern.[7] Entweder gemeinsam oder es funktioniert nicht. Entweder arbeiten wir gemeinsam daran, aus der Krise herauszukommen, auf allen Ebenen der Gesellschaft, oder wir werden nie aus ihr herauskommen. Aus der Krise herauskommen bedeutet nicht, den gegenwärtigen Situationen einen Lackanstrich zu geben, damit sie etwas gerechter erscheinen. Aus der Krise herauskommen bedeutet, sich zu verändern, und die wahre Veränderung nehmen alle vor – alle Menschen, die das Volk bilden. Alle Berufsgruppen, alle. Und alle gemeinsam, alle in Gemeinschaft. Wenn es nicht alle tun, dann wird das Ergebnis negativ sein.

In einer früheren Katechese[8] haben wir gesehen, dass die *Solidarität* der Weg ist, um aus der Krise herauszukommen: Sie vereint uns und lässt uns solide Vorschläge für eine gesündere Welt finden. Aber dieser Weg der Solidarität bedarf der Subsidiarität. Jemand könnte zu mir sagen: »Aber Vater, heute benutzen Sie schwierige Worte!« Aber darum versuche ich zu erklären, was es bedeutet. Solidarisch, weil wir auf dem Weg der Subsidiarität unterwegs sind. Denn es gibt keine wahre Solidarität ohne soziale Beteiligung, ohne den Beitrag der kleineren Gemeinwesen: der Familien, der Verbände, der Genossenschaften, der Kleinunternehmen, der Ausdrucksformen der Zivilgesellschaft. Alle müssen dazu beitragen, alle. Diese Beteiligung hilft, gewissen negativen Aspekten der Globalisierung und des Handelns der Staaten vorzubeugen und sie zu korrigieren, ebenso wie bei der Behandlung der von der Pandemie betroffenen Menschen. Diese Beiträge »von unten« müssen angespornt werden. Wie schön ist es doch, die Arbeit der ehrenamtlichen Helfer in der Krise zu sehen. Ehrenamtliche, die aus allen sozialen Schichten kommen; Ehrenamtliche, die aus den wohlhabendsten Familien kommen, und solche, die aus den ärmsten Familien kommen. Aber alle, alle gemeinsam, um aus ihr herauszukommen. Das ist Solidarität, und das ist das Prinzip der Subsidiarität.

Während des »Lockdowns« ist spontan die Geste entstanden, den Ärzten, Krankenpflegern und Krankenschwestern zu applaudieren, als Zeichen der Ermutigung und der Hoffnung. Viele haben ihr Leben riskiert, und viele haben ihr Leben hingegeben. Weiten wir diesen Beifall auf alle Glieder des Sozialkörpers aus, auf alle, auf jeden, für seinen wertvollen Beitrag, so klein er auch sein mag. »Aber was kann der dort tun? – Hör ihn an, gib ihm Raum zum Arbeiten, besprich es mit ihm.« Applaudieren wir den »Weggeworfenen«, denen, die diese Kultur, diese Wegwerfkultur als »weggeworfen« abstempelt; applaudieren wir also den alten Menschen, den Kindern, den Menschen mit Behinderung, applaudieren wir den Arbeitern, allen, die sich in den Dienst der anderen stellen. Alle arbeiten zusammen, um aus der Krise herauszukommen. Aber machen wir nicht nur beim Applaus halt! Die Hoffnung ist kühn, ermutigen wir einander also, große Dinge zu träumen. Brüder und Schwestern, lernen wir, große Dinge zu träumen! Wir dürfen keine Angst haben, große Dinge zu träumen und nach den Idealen der Gerechtigkeit und der sozialen Liebe zu streben, die aus der Hoffnung entstehen. Versuchen wir nicht, die Vergangenheit zu rekonstruieren, das Vergangene ist vergangen, neue Dinge warten auf uns. Der Herr hat uns verheißen: »Ich mache alles neu.« Ermutigen wir einander, Großes zu träumen, indem wir nach diesen Idealen streben. Versuchen wir nicht, die Vergangenheit zu rekonstruieren, vor allem jene, die ungerecht und bereits krank war, was ich bereits als Ungerechtigkeit bezeichnet habe. Bauen wir eine Zukunft auf, in der die lokale und die globale Dimension sich gegenseitig bereichern – jeder kann das Seine dazu beitragen; jeder muss von dem geben, was das Seine ist, seine Kultur, seine Philosophie, seine Art zu denken –, wo die Schönheit und der Reichtum der kleinen Gruppen, auch der ausgegrenzten Gruppen gedeihen kann, denn auch dort ist Schönheit, und wo der, der mehr hat, sich verpflichtet zu dienen und dem, der weniger hat, mehr zu geben.

[1] Vgl. Kompendium der Soziallehre der Kirche, 186.
[2] Vgl. Enzyklika *Quadragesimo anno*, 79-80.
[3] Vgl. *Kompendium der Soziallehre der Kirche*, 186.
[4] Vgl. *Querida Amazonia*, 32; *Laudato si'*, 63.
[5] Vgl. *Querida Amazonia*, 9.14.
[6] *Botschaft zum 106. Welttag des Migranten und Flüchtlings*, 13. Mai 2020.
[7] Vgl. *Grußworte an die Jugendlichen des Kulturzentrums »Padre Félix Varela«*, Havanna, Kuba, 20. September 2015.
[8] *Generaludienz*, 2. September 2020.

9. Gemeinsam mit Jesus, der rettet und heilt, die Zukunft vorbereiten

Damasushof
30. September 2020*

Liebe Brüder und Schwestern, guten Tag!

In den letzten Wochen haben wir im Licht des Evangeliums gemeinsam darüber nachgedacht, wie man die Welt heilen kann, die unter einem Unwohlsein leidet, das die Pandemie deutlich gemacht und betont hat. Das Unwohlsein war schon da: Die Pandemie hat es nur noch deutlicher gemacht, hat es betont. Wir sind die Wege der Würde, der *Solidarität* und der *Subsidiarität* gegangen – Wege, die unverzichtbar sind, um die Würde des Menschen und das Gemeinwohl zu fördern. Und als Jünger Jesu haben wir uns vorgenommen, seinen Schritten zu folgen, indem wir *uns auf die Seite der Armen stellen, den Gebrauch der Güter überdenken und Sorge tragen für das gemeinsame Haus*. Inmitten der Pandemie, die uns heimsucht, haben wir uns in den Prinzipien der Soziallehre der Kirche verankert und *uns vom Glauben, von der Hoffnung und von der Liebe leiten lassen*. Hier haben wir eine solide Hilfe gefunden, um zu einem Wandel beizutragen und dabei große Träume zu haben, nicht bei der Engstirnigkeit haltzumachen, die spaltet und verletzt, sondern dazu zu ermutigen, eine neue und bessere Welt hervorzubringen.

Ich möchte, dass dieser Weg nicht mit meinen Katechesen endet, sondern dass wir weiter gemeinsam unterwegs sein und »dabei auf Jesus blicken« (*Hebr* 12,2) können, wie wir am Anfang gehört haben; auf Jesus blicken, der die Welt rettet und heilt. Wie uns das Evangelium zeigt, hat Jesus Kranke aller Art geheilt (vgl. *Mt* 9,35), den Blinden das Augenlicht, den Stummen das Wort, den Tauben das Gehör geschenkt. Und wenn er die leiblichen Krankheiten und Behinderungen geheilt hat, hat er auch den Geist geheilt, indem er die Sünden vergeben hat, denn Jesus vergibt immer, ebenso wie die »sozialen Leiden«, indem er die Ausgegrenzten eingeschlossen hat.[1] Jesus, der jedes Geschöpf erneuert und versöhnt (vgl. 2*Kor* 5,17; *Kol* 1,19-20), schenkt uns die notwendigen Gaben, um zu lieben und zu heilen, wie er es verstanden hat (vgl. *Lk* 10,1-9; *Joh* 15,9-17), um für alle Sorge zu tragen, ohne Unterscheidung der Hautfarbe, Sprache oder Nation.

Damit das wirklich geschieht, müssen wir die Schönheit eines jeden Menschen und eines jeden Geschöpfs betrachten und wertschätzen. Wir sind im Herzen Gottes gezeugt worden (vgl. *Eph* 1,3-5). »Jeder von uns ist Frucht eines Gedankens Gottes. Jeder ist gewollt, jeder ist geliebt, jeder ist

* http://www.vatican.va/content/francesco/de/audiences/2020/documents/papa-francesco_20200930_udienza-generale.html

gebraucht.«[2] Außerdem hat jedes Geschöpf uns etwas zu sagen über Gott, den Schöpfer.[3] Diese Wahrheit zu erkennen und für die innigen Bande unserer universalen Gemeinschaft mit allen Menschen und mit allen Geschöpfen zu danken, aktiviert »ein großherziges und von Zärtlichkeit erfülltes Umweltengagement«.[4] Und es hilft uns auch, die Gegenwart Christi in unseren armen und leidenden Brüdern und Schwestern zu erkennen, ihnen zu begegnen und ihre Klage und die Klage der Erde zu hören, die darin widerhallt.[5]

Innerlich mobilisiert von diesen Klagen, die von uns einen Kurswechsel,[6] eine Veränderung verlangen, können wir zur Heilung der Beziehungen beitragen mit unseren Gaben und unseren Fähigkeiten.[7] Wir können die Gesellschaft erneuern und nicht zur sogenannten »Normalität« zurückkehren, die eine kranke Normalität ist, ja die sogar schon vor der Pandemie krank war: Die Pandemie hat es deutlich gemacht! »Jetzt kehren wir zur Normalität zurück«: Nein, das geht nicht, denn diese Normalität war krank an Ungerechtigkeiten, Ungleichheiten und Umweltschäden. Die Normalität, zu der wir berufen sind, ist die des Reiches Gottes: »Blinde sehen wieder und Lahme gehen; Aussätzige werden rein und Taube hören; Tote stehen auf und Armen wird das Evangelium verkündet« (*Mt* 11,5). Und wo niemand sich dumm stellt und wegschaut. Das ist es, was wir tun müssen, um die Dinge zu verändern. In der Normalität des Reiches Gottes gelangt das Brot zu allen, und alle haben etwas davon übrig, gründet die Gesellschaftsordnung auf dem Beitragen, Teilen und Verteilen, und nicht auf dem Besitzen, Ausgrenzen und Anhäufen (vgl. *Mt* 14,13-21). Die Geste, die eine Gesellschaft, eine Familie, ein Stadtviertel, eine Stadt voranbringt, ist die Selbsthingabe, das Geben. Das bedeutet nicht, ein Almosen zu geben, sondern es ist ein Geben, das aus dem Herzen kommt. Eine Geste, die den Egoismus und die Besitzgier vertreibt. Die christliche Art, das zu tun, ist jedoch keine mechanische Art: Es ist eine menschliche Art. Wir können nie mechanisch, mit neuen Geräten – die sehr wichtig sind, sie lassen uns voranschreiten, und wir dürfen vor ihnen keine Angst haben – aus der Krise herauskommen, die in der Pandemie deutlich geworden ist, sondern in dem Wissen, dass auch hochentwickelte Mittel viele Dinge tun können, aber eines nicht: die Zärtlichkeit. Und die Zärtlichkeit ist das Zeichen der Gegenwart Jesu: die Annäherung an den Nächsten, um unterwegs zu sein, um zu heilen, um zu helfen, um sich für den anderen aufzuopfern.

So ist die Normalität des Reiches Gottes wichtig: Das Brot muss zu allen gelangen, die Gesellschaftsordnung muss auf dem Beitragen, Teilen und Verteilen gründen, mit Zärtlichkeit, nicht auf dem Besitzen, Ausgrenzen und Anhäufen. Denn am Ende des Lebens nehmen wir nichts mit in das andere Leben!

Ein kleines *Virus* verursacht weiterhin tiefe Wunden und entlarvt unsere leibliche, soziale und geistliche Verwundbarkeit. Ich habe die große Ungleichheit bloßgelegt, die in der Welt herrscht: Ungleichheit der Chancen, der Güter, des Zugangs zum Gesundheitswesen, zur Technologie, zur Bildung. Millionen von Kindern können nicht zur Schule gehen, und so geht die Liste weiter. Diese Ungerechtigkeiten sind weder natürlich noch unvermeidlich. Sie sind das Werk des Menschen, sie kommen von einem Wachstumsmodell, das von den tieferen Werten losgelöst ist. Die Vergeudung übriggebliebener Speisen: Mit dieser Vergeudung kann man allen zu essen geben. Und das hat viele die Geduld verlieren lassen und hat Ungewissheit und Angst vermehrt. Darum, um aus der Pandemie herauszukommen, müssen wir das Heilmittel nicht nur für das Coronavirus finden – was wichtig ist! –, sondern auch für die großen menschlichen und sozialwirtschaftlichen Viren. Man darf sie nicht verstecken, indem man sie überlackiert, damit man sie nicht sieht. Und natürlich dürfen wir nicht erwarten, dass das Wirtschaftsmodell, das die Grundlage für eine ungerechte und nicht nachhaltige Entwicklung ist, unsere Probleme löst. Es hat es bisher nicht getan, und es wird es auch weiterhin nicht tun, weil es dies nicht kann, auch wenn gewisse falsche Propheten weiterhin den »Überlaufeffekt«[8] versprechen, der nie kommen wird. Ihr habt von der Theorie des Glases gehört: Wichtig ist, das Glas zu füllen, dann läuft etwas für die Armen und für die anderen herunter, und sie bekommen Reichtümer. Es gibt jedoch ein Phänomen: Das Glas beginnt sich zu füllen, und wenn es fast voll ist, dann wächst und wächst und wächst es, und es kommt nie zum Überlaufen. Man muss achtgeben.

Wir müssen uns dringend an die Arbeit machen, um gute politische Maßnahmen hervorzubringen, Sozialordnungssysteme entwerfen, in denen Beteiligung, Fürsorge und Großherzigkeit prämiert werden und nicht Gleichgültigkeit, Ausbeutung und Eigennutz. Wir müssen mit Zärtlichkeit vorangehen. Eine solidarische und gerechte Gesellschaft ist eine gesündere Gesellschaft. Eine Partizipationsgesellschaft – wo die »Letzten« ebenso berücksichtigt werden wie die »Ersten« – stärkt die Gemeinschaft. Eine Gesellschaft, in der die Vielfalt geachtet wird, ist viel widerstandsfähiger gegen jede Art von Virus.

Stellen wir diesen Weg der Heilung unter den Schutz der Jungfrau Maria, Unserer Lieben Frau von der Gesundheit. Sie, die Jesus in ihrem Schoß getragen hat, möge uns helfen, vertrauensvoll zu sein. Beseelt vom Heiligen Geist können wir gemeinsam für das Reich Gottes arbeiten, das Christus in dieser Welt eröffnet hat, indem er zu uns gekommen ist. Es ist ein Reich des Lichtes inmitten der Finsternis, der Gerechtigkeit inmitten vieler Übergriffe, der Freude inmitten vieler Schmerzen, der Heilung und des Heils inmitten von Krankheiten und Tod, der Zärtlichkeit inmitten des Hasses. Möge Gott uns gewähren, die Liebe zu »viralisieren« und die Hoffnung zu globalisieren im Licht des *Glaubens*.

1 Vgl. *Katechismus der Katholischen Kirche*, 1421.

2 Benedikt XVI., *Predigt zum Pontifikatsbeginn*, 24. April 2005; vgl. *Laudato si'*, 65.

3 Vgl. *Laudato si'*, 69. 239.

4 *Ebd.*, 220.

5 Vgl. *ebd.*, 49.

6 Vgl. *ebd.*, 53.

7 Vgl. *ebd.*, 19.

8 „*Trickle-down effect*" auf Englisch, „*derrame*" in Spanisch (vgl. *Evangelii gaudium*, 54).

Fratelli tutti

Enzyklika über die Geschwisterlichkeit und die soziale Freundschaft

3. Oktober 2020*

Die Enzyklika „Fratelli Tutti" ist eine Synthese und ein Kompendium der Lehre von Papst Franziskus, und deshalb erscheint sie in ihrer Gesamtheit als Analyse und Vorschlag für eine neue Welt. Im Rahmen dieser Zusammenstellung werden einige Punkte vorgeschlagen, die die Beziehung und Wechselwirkung aufzeigen, die die sanitäre Notlage in der Lehre des Heiligen Vaters hervorgebracht hat.

Nr. 7: Als ich dieses Schreiben verfasste, brach unerwartet die Covid-19-Pandemie aus, die unsere falschen Sicherheiten offenlegte. Über die unterschiedlichen Antworten hinaus, die die verschiedenen Länder gegeben haben, kam klar die Unfähigkeit hinsichtlich eines gemeinsamen Handelns zum Vorschein. Trotz aller Vernetzung ist eine Zersplitterung eingetreten, die es erheblich erschwert hat, die Probleme, die alle betreffen, zu lösen. Wenn einer meint, dass es nur um ein besseres Funktionieren dessen geht, was wir schon gemacht haben, oder dass die einzige Botschaft darin besteht, die bereits vorhandenen Systeme und Regeln zu verbessern, dann ist er auf dem Holzweg.

Nr. 32: Eine globale Tragödie wie die Covid-19-Pandemie hat für eine gewisse Zeit wirklich das Bewusstsein geweckt, eine weltweite Gemeinschaft in einem Boot zu sein, wo das Übel eines Insassen allen zum Schaden gereicht. Wir haben uns daran erinnert, dass keiner sich allein retten kann, dass man nur Hilfe erfährt, wo andere zugegen sind. Daher sagte ich: »Der Sturm legt unsere Verwundbarkeit bloß und deckt jene falschen und unnötigen Gewissheiten auf, auf die wir bei unseren Plänen, Projekten, Gewohnheiten und Prioritäten gebaut haben. [...] Mit dem Sturm sind auch die stereotypen Masken gefallen, mit denen wir unser „Ego" in ständiger Sorge um unser eigenes Image verkleidet haben; und es wurde wieder einmal jene segensreiche gemeinsame Zugehörigkeit offenbar, der wir uns nicht entziehen können, dass wir nämlich alle Brüder und Schwestern sind«.

Nr. 33: Die Welt bewegte sich unerbittlich auf eine Wirtschaft zu, welche mit Hilfe des technologischen Fortschritts die „menschlichen Kosten" zu verringern suchte, und mancher maßte sich an, uns glauben zu machen, die Freiheit des Marktes würde ausreichen, um alles zu gewährleisten. Doch

* http://www.vatican.va/content/francesco/de/encyclicals/documents/papa-francesco_20201003_enciclica-fratelli-tutti.html

der harte und unerwartete Schlag dieser außer Kontrolle geratenen Pandemie hat uns notgedrungen dazu gezwungen, wieder an die Menschen, an alle zu denken anstatt an den Nutzen einiger. Heute sehen wir ein, dass »wir uns mit Träumen von Pracht und Größe ernährt und letztlich doch nur Ablenkung, Verschlossenheit und Einsamkeit gegessen haben; wir haben uns mit Connections vollgestopft und darüber den Geschmack an der Geschwisterlichkeit verloren. Wir haben schnelle und sichere Ergebnisse gesucht und fühlen uns beklommen vor Ungeduld und Unruhe. Als Gefangene der Virtualität ist uns der Geschmack und das Aroma der Realität abhandengekommen.«[1] Der Schmerz, die Unsicherheit, die Furcht und das Bewusstsein der eigenen Grenzen, welche die Pandemie hervorgerufen haben, appellieren an uns, unsere Lebensstile, unsere Beziehungen, die Organisation unserer Gesellschaft und vor allem den Sinn unserer Existenz zu überdenken.

Nr. 34: Wenn alles miteinander verbunden ist, fällt es uns schwer zu glauben, dass diese weltweite Katastrophe nicht in Beziehung dazu steht, wie wir der Wirklichkeit gegenübertreten, wenn wir uns anmaßen, die absoluten Herren des eigenen Lebens und von allem, was existiert, zu sein. Ich möchte hiermit nicht sagen, dass es sich um eine Art göttlicher Strafe handelt. Ebenso wenig kann man behaupten, dass der Schaden an der Natur am Ende die Rechnung für unsere Übergriffe fordert. Es ist die Wirklichkeit selbst, die seufzt und sich auflehnt. Es kommen uns da die berühmten Verse von Vergil in Erinnerung, wo die Tränen der Dinge oder der Geschichte heraufbeschworen werden.[2]

Nr. 35: Wir vergessen aber schnell die Lektionen der Geschichte, der »Lehrerin des Lebens«.[3] Ist die Gesundheitskrise einmal überstanden, wäre es die schlimmste Reaktion, noch mehr in einen fieberhaften Konsumismus und in neue Formen der egoistischen Selbsterhaltung zu verfallen. Gott gebe es, dass es am Ende nicht mehr „die Anderen", sondern nur ein „Wir" gibt. Dass es nicht das x-te schwerwiegende Ereignis der Geschichte gewesen ist, aus dem wir nicht zu lernen vermocht haben. Dass wir nicht die älteren Menschen vergessen, die gestorben sind, weil es keine Beatmungsgeräte gab, teilweise als Folge der von Jahr zu Jahr abgebauten Gesundheitssysteme. Dass ein so großer Schmerz nicht umsonst war, dass wir einen Sprung hin zu einer neuen Lebensweise machen und wir ein für alle Mal entdecken, dass wir einander brauchen und in gegenseitiger Schuld stehen. So wird die Menschheit mit all ihren Gesichtern, all ihren Händen und all ihren Stimmen wiedererstehen, über die von uns geschaffenen Grenzen hinaus.

Nr. 36: Wenn es uns nicht gelingt, diese gemeinsame Leidenschaft für eine zusammenstehende und solidarische Gemeinschaft wiederzuerlangen, der man Zeit, Einsatz und Güter widmet, wird die weltweite Illusion, die uns täuscht, verheerend zusammenbrechen und viele dem Überdruss und der Leere überlassen. Im Übrigen sollte man nicht naiv übersehen, dass »die Versessenheit auf einen konsumorientierten Lebensstil – vor allem, wenn nur einige wenige ihn pflegen können – nur Gewalt und gegenseitige Zerstörung auslösen kann«.[4] Das „Rette sich wer kann" wird schnell zu einem „Alle gegen alle", und das wird schlimmer als eine Pandemie sein.

Nr. 54: Trotz dieser dunklen Schatten, die nicht ignoriert werden dürfen, möchte ich auf den folgenden Seiten den vielen Wegen der Hoffnung eine Stimme geben. Gott fährt nämlich fort, unter die Menschheit Samen des Guten zu säen. Die jüngste Pandemie hat uns erlaubt, viele Weggefährten und -gefährtinnen wiederzufinden und wertzuschätzen, die in Situationen der Angst mit der Hingabe ihres Lebens reagiert haben.

Wir können erkennen, dass unsere Leben miteinander verwoben sind und wir durch einfache Menschen Hilfestellung erfahren haben, die aber zweifellos eine bedeutende Seite unserer Geschichte geschrieben haben: Ärzte, Krankenschwestern und Pfleger, Supermarktangestellte, Reinigungspersonal, Betreuungskräfte, Transporteure, Ordnungskräfte, ehrenamtliche Helfer, Priester, Ordensleute und viele, ja viele andere, die verstanden haben, dass niemand sich allein rettet.

Nr. 168: ... Die Zerbrechlichkeit der weltweiten Systeme angesichts der Pandemie hat gezeigt, dass nicht alles durch den freien Markt gelöst werden kann und dass – über die Rehabilitierung einer gesunden Politik hinaus, die nicht dem Diktat der Finanzwelt unterworfen ist – wir »die Menschenwürde wieder in den Mittelpunkt stellen müssen. Auf diesem Grundpfeiler müssen die sozialen Alternativen erbaut sein, die wir brauchen.«[5]

1 *Homilie in der heiligen Messe*, Skopje, Nord-Mazedonien, 7. Mai 2019.

2 Vgl. *Aeneis* I, 462: »Sunt lacrimae rerum et mentem mortalia tangunt«.

4 »Historia [...] magistra vitae« (M.T. Cicerone, *De Oratore*, II, 36).

5 *Laudato si'*, 204.

6 Vgl. *Ansprache an die Teilnehmer des Internationalen Treffens der Volksbewegungen*, 28. Oktober 2014.

IN HONOREM PRINCIPIS APOST PAVLVS V BVRGHESIVS ROMANVS PONT MAX AN MDCXII PON VII

Wir leben von Erinnerungen

Wir leben von Erinnerungen

Sich zu erinnern bedeutet nachzuerleben.

Die Erinnerung bezieht sich auf ein vergangenes Ereignis; das Gedächtnis sammelt sie, die Geschichte zeichnet sie auf, die Tradition bewahrt sie.

Ich glaube, das ist die Bedeutung dieses "Albums der Erinnerungen".

Erinnerungen an intensive Momente, die wir alle gemeinsam mit Papst Franziskus erlebt haben. In diesen Seiten zu blättern bedeutet, zurückzublicken, sich zu erinnern.

Nicht nur, weil wir das historische Bewusstsein für Ereignisse bewahren müssen, von denen wir nie gedacht hätten, dass wir sie erleben würden, sondern auch, weil wir lernen, uns dem Leid in unserem Leben zu stellen und es anzunehmen.

Diese Ereignisse haben uns gelehrt, dass niemand allein leidet.

Keiner leidet unnötig.

Das kraftvolle Bild von Papst Franziskus, der das Kruzifix von San Marcello al Corso im Regen umarmt, ist eine Erinnerung daran, dass diejenigen, die leiden, mit Christus leiden.

Das Kreuz ist das Zeichen des Christen.

Der Scheitelpunkt der christlichen Größe.

An diesem Abend, wie auch am Abend des Karfreitags, haben wir erfahren, dass das Leid gute Menschen zu Brüdern und Schwestern macht; und wo Leid ist, darf unser Herz nicht fehlen. Wer an Gott glaubt, ist denen nahe, die leiden.

Zu den großen Wundern unseres christlichen Glaubens gehört, dass er uns gelehrt hat, geduldig zu leiden und in Schmerz und Unheil Schätze der Menschlichkeit und Gnade zu entdecken:

Wenn kein Mensch eine Insel ist; wenn wir "Fratelli tutti" sind, vereint in der natürlichen Solidarität, die aus der Zugehörigkeit zum Menschengeschlecht erwächst; wenn vor allem wir, die Jünger Christi, im Band der Liebe vereint sind, können wir nicht umhin, das Leiden der anderen mit zu tragen.

Die Worte von Papst Franziskus laden auch zur Hoffnung ein.

Hoffnung ist kein Traum, sondern ein Weg, Träume Wirklichkeit werden zu lassen.

Das Beste wird nur unter großen Schmerzen erreicht.

Leiden vergeht; gelitten zu haben bleibt.

Aus dem Leid wird eine neue Morgenröte hervorgehen.

Und wir werden das Leben wieder genießen können!

Leonardo Sapienza

M·P
ΘV

Gebet zu Maria

O Maria, du erstrahlst immer auf unserem Weg
als Zeichen der Erlösung und Hoffnung.
Wir vertrauen uns dir an, Heil der Kranken, die du am Kreuz
mit dem Leid Jesu verbunden warst, und dabei deinen Glauben fest bewahrt hast.
Du, Heil des römischen Volkes,weißt, was wir brauchen,
und wir sind sicher, dass du für uns sorgen wirst damit, wie in Kana in Galiläa,
nach dieser Zeit der Prüfung wieder Freude und Festlichkeit zurückkehren können.
Hilf uns, Mutter der Göttlichen Liebe, dem Willen des Vaters zu entsprechen,
und zu tun, was Jesus uns sagt, der unser Leid auf sich genommen
und sich unsere Schmerzen zueigen gemacht hat, um uns durch das Kreuz
zur Freude der Auferstehung zu führen.
Amen.

Unter deinen Schutz und Schirm fliehen wir, o heilige Gottesmutter,
verschmähe nicht unser Gebet in unseren Nöten,
sondern erlöse uns jederzeit von allen Gefahren
O du glorreiche und gebenedeite Jungfrau.

* http://www.vatican.va/content/francesco/it/messages/pont-messages/2020/documents/papa-francesco_20200311_videomessaggio-madonna-divinoamore.html

Marienikone Maria *Salus Populi romani*
Basilika Santa Maria Maggiore

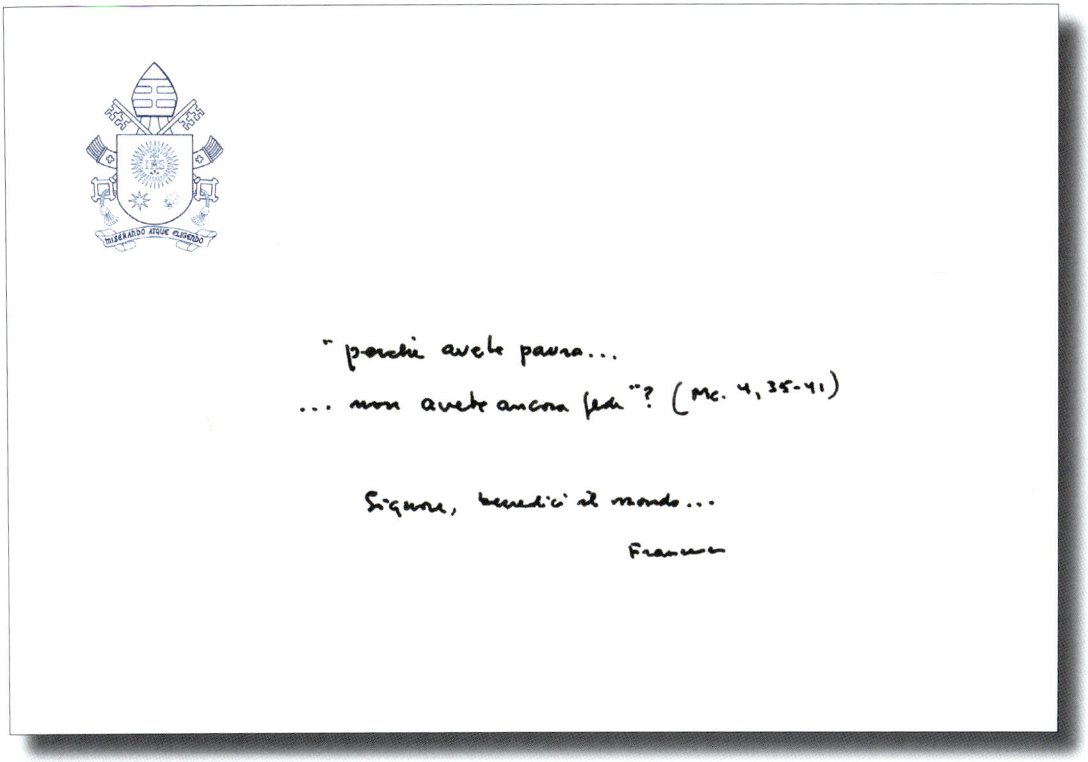

MISERANDO ATQUE ELIGENDO

"perchè avete paura...
... non avete ancora fede"? (Mc. 4,35-41)

Signore, benedici il mondo...

Francesco

»Warum habt ihr solche Angst? ...
... Habt ihr noch keinen Glauben?« (*Mk* 4,45-41)

Herr, segne die Welt ...

Franziskus

Außerordentliche Gebetsandacht
in Zeiten der Pandemie

https://e.va/statioorbisde

Inhalt

Photo: © Vatican Media | Servizio Fotografico Vaticano

00120 Città del Vaticano
Tel (+39) 06.698.45780
E-mail: commerciale.lev@spc.va
www.libreriaeditricevaticana.va
www.vatican.va

18, Rue Barbes
92128 Montrouge Cedex (France)
Tel (+33) 01 74 31 59 98

ISBN 978-2-227-49930-0

Edruckt in Slowenien, März 2021
Gesetzliche Hinterlegung: März 2021

Grafische Gestaltung und Layout
Marcello Palminteri

Umschlagdesign
Annalaura di Luggo

Annydi srl, Napoli
www.annydi.com